손으로 따라 그려 봐

우리나라 지도

뜨인돌어린이

손으로 따라 그려 봐 우리나라 지도

초판 1쇄 펴냄 2008년 9월 5일
　　 10쇄 펴냄 2024년 3월 29일

글 김효정
그림 박철권

펴낸이 고영은 박미숙
펴낸곳 뜨인돌출판(주) ㅣ 출판등록 1994.10.11.(제406-251002011000185호)
주소 10881 경기도 파주시 회동길 337-9
홈페이지 www.ddstone.com ㅣ 블로그 blog.naver.com/ddstone1994
페이스북 www.facebook.com/ddstone1994 ㅣ 인스타그램 @ddstone_book
대표전화 02-337-5252 ㅣ 팩스 031-947-5868

ISBN 978-89-92130-92-9 73980
ISBN 978-89-5807-378-9 (세트)

어린이제품안전특별법에 의한 제품표시
제조자명 뜨인돌어린이 **제조국명** 대한민국 **사용연령** 4세 이상

이 책을 꼼꼼하게 보는 법

산, 강, 행정 구역이 하는 일을 알아보아요

따라 그려 보기 전! 우리나라의 산맥과 산, 강, 행정 구역이 어떤 모습인지, 어떻게 생겨났는지, 어떤 일을 하는지 등을 알면 지리를 보다 쉽게 익힐 수 있어요.

따라 그려 봐! 혼자 그려 봐!

꼼꼼히 살펴본 후 점선을 손가락이나 수성 사인펜으로 쭉쭉 따라 그려 보세요. 자꾸 그리다 보면 우리나라 지도를 혼자서도 그릴 수 있어요.

 수성 사인펜은 꼭 따라 그리는 페이지에서만 사용하세요.

만화로 지리를 배워요

지리 박사 땅콩이 엄마와 함께 우리나라 지리를 쉽고 재미있게 배워 보아요.

도란도란 땅콩이 이야기

땅콩이가 이곳저곳을 여행하며 알게 된 지명과 그것에 얽힌 솔깃한 이야기를 들려줍니다.

알쏭달쏭! 여기가 어디일까?

산맥과 산, 강과 평야, 행정 구역과 도시의 이름이 사진 곳곳에 보여요. 이 이름들이 어디쯤 있는지 다시 머릿속에 떠올려 보세요.

바로바로 퀴즈

이제는 우리나라에 대해 재미있게 퀴즈로 풀 시간! 퀴즈를 풀면서 배운 내용을 바로바로 확인해 보세요.

함께 여행할 친구들

딸콩이
내 취미는 지도 보기와 여행이야. 그리기는 서툴지만 따라 그리기 하나는 자신 있어!

아기 호랑이
내가 우리나라 지도 모양을 닮았더라고. 딸콩이와 우리나라를 여행할 생각을 하니 너무 신나고 기대돼!

딸콩이 엄마
우리나라 곳곳에 대해 모르는 것이 없는 척척박사 엄마야. 우리 땅에 대해서는 자신 있으니 얼마든지 물어보라고!

차례

- 이 책을 꼼꼼하게 보는 법   4
- 지도에 나타나 있는 약속   8

1 우리나라는 어떤 나라일까요?

우리나라에 대해서 알아보아요	12
우리나라 땅은 어떻게 생겼을까요?	16
따라 그려 봐 – 땅 모양	17
따라 그려 봐 – 태극기	18
도란도란 딸콩이 이야기	19
바로바로 퀴즈	22

2 산들산들 바람 따라 산으로 가 볼까요?

산맥과 산에 대해서 알아보아요	26
어느 산이 가장 높을까요?	28
꼼꼼히 살펴보아요	30
따라 그려 봐 – 산맥과 산	31
혼자 그려 봐 – 산맥과 산	34
도란도란 딸콩이 이야기	35
높새바람이 심술을 부리는 까닭은?	38
알쏭달쏭! 여기가 어디일까?	40
바로바로 퀴즈	42

3 고기를 잡으러 강으로 가 볼까요?

강과 평야에 대해서 알아보아요	46
어느 강이 가장 길까요?	49
꼼꼼히 살펴보아요	50
따라 그려 봐 – 강과 평야	51
혼자 그려 봐 – 강과 평야	54
하굿둑은 바다와 강이 만나는 곳에 만들어요	55
도란도란 딸콩이 이야기	56
알쏭달쏭! 여기가 어디일까?	58
바로바로 퀴즈	60

4 우리 강산을 행정 구역으로 나누어 볼까요?

행정 구역과 도시에 대해서 알아보아요	64
꼼꼼히 살펴보아요	66
따라 그려 봐 – 행정 구역과 주요 도시	67
혼자 그려 봐 – 행정 구역과 주요 도시	70
도란도란 딸콩이 이야기	71
어느 지역에 인구가 가장 많을까요?	76
서울이 수도가 된 까닭은?	77
알쏭달쏭! 여기가 어디일까?	80
바로바로 퀴즈	82
● 딸콩이와 여행한 곳은 어디일까요?	85

지도에 나타나 있는 약속

우리가 살고 있는 실제 땅의 모습을 일정한 비율로 줄인 후, 알기 쉽게 종이에 나타낸 그림을 지도라고 해.

지도에는 방위, 축척, 등고선, 기호 등이 그려져 있어. 이런 표시들은 지도를 누가 보아도 쉽게 알 수 있게 해 주는 일종의 약속 같은 거야.

방위

방위는 지도에서 동서남북의 방향을 가리키는 말이야. 방위표에는 4군데 방향을 가리키는 4방위표와 8군데 방향을 가리키는 8방위표가 있어.

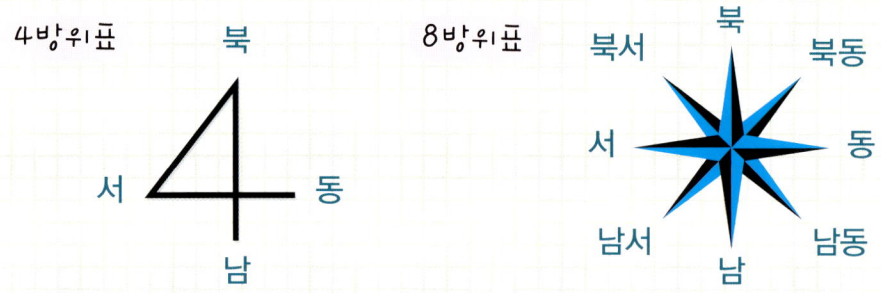

축척

지도는 실제 크기를 줄여서 나타낸 것이기 때문에 얼마나 작게 줄였는지 알려 줘야 해. 이것을 축척이라고 해. 아래는 지도를 200,000분의 1로 줄여서 만들었음을 알려 주는 축척이야. 축척을 표시하는 방법은 아래와 같이 세 가지가 있어.

1 : 200,000	$\frac{1}{200,000}$	0 4km
비례법	분수법	축척자

등고선

등고선으로 지도에 땅의 높낮이를 표시할 수 있어.
종이가 평평한데 어떻게 높낮이를 표시할 수 있냐고? 아래를 봐!

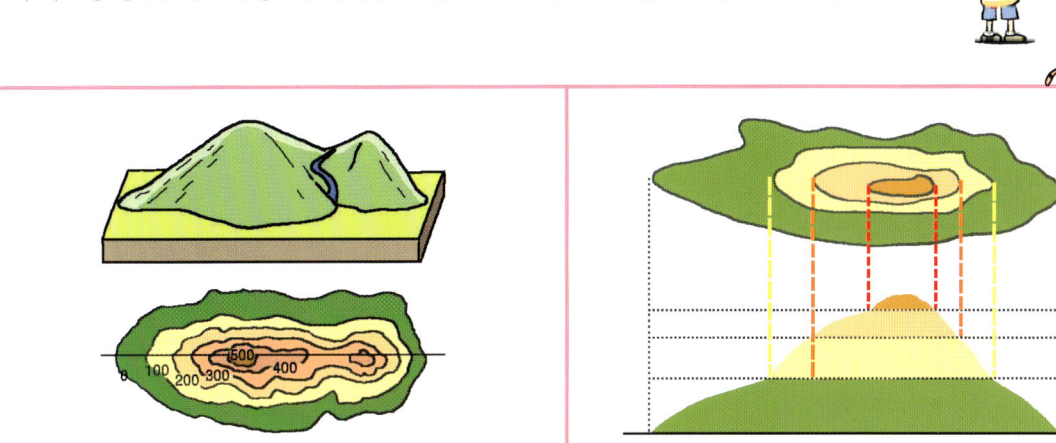

등고선은 높이가 같은 지역을 이은 선이야. 가장 안쪽에 있는 등고선이 가장 높은 지역을 나타내.

낮은 지역은 초록색으로 나타내고, 산과 같이 높은 지역은 갈색으로 나타내. 등고선 간격이 좁을수록 산이 가파르고, 넓을수록 완만하지.

기호

지도에 지형이나 건물을 나타낼 때는 실제 모양을 그리지 않고 기호를 사용해.
기호는 서로가 약속해서 만든 거야. 그래서 누구나 쉽게 지도를 읽을 수 있어.

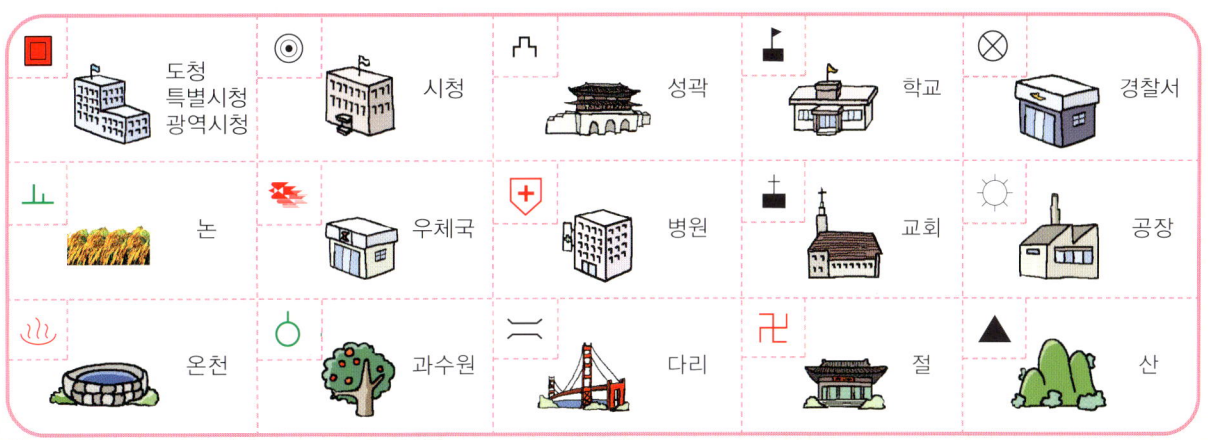

우리나라에 대해서 알아보아요

우리나라는 약 5,000년의 오랜 역사를 가진 나라야.
긴 역사를 가진 만큼 우수한 문화유산도 많겠지?
우리나라가 어떤 나라인지 궁금하지 않니?
자, 이제부터 나 딸콩이와 함께 알아보자고!

우리나라 이름은 대한민국

우리나라 이름은 '대한민국', 줄여서 '한국'이라고 불러. 영어는 '코리아(Korea)'라고 하지. 고려 시대에 아라비아 상인들과 무역이 활발했어. 그때 아라비아 상인들이 우리나라를 고려라고 부른 것이 지금까지 전해져 '코리아'라는 명칭으로 굳었단다.

우리나라는 반도 국가

우리나라는 어디에 있을까요?

우리가 살고 있는 지구는 엄청나게 큰데, 5개의 큰 바다와 6개의 큰 땅덩어리로 나눌 수 있어. 5개의 큰 바다 이름은 태평양, 대서양, 인도양, 남극해, 북극해야. 큰 땅덩어리는 대륙이라고 부르는데 6개의 대륙 이름은 아시아, 북아메리카, 남아메리카, 유럽, 아프리카, 오세아니아란다.

그럼 우리나라는 어느 대륙과 어느 바다에 속하는지 찾아볼까?

우리나라는 아시아 땅 동쪽에 위치하고 있어. 땅 모양은 남쪽에서 북쪽으로 길게 뻗은 모양이야. 북쪽은 땅으로 이어져 있지만 동·서·남쪽은 태평양과 만나고 있어.

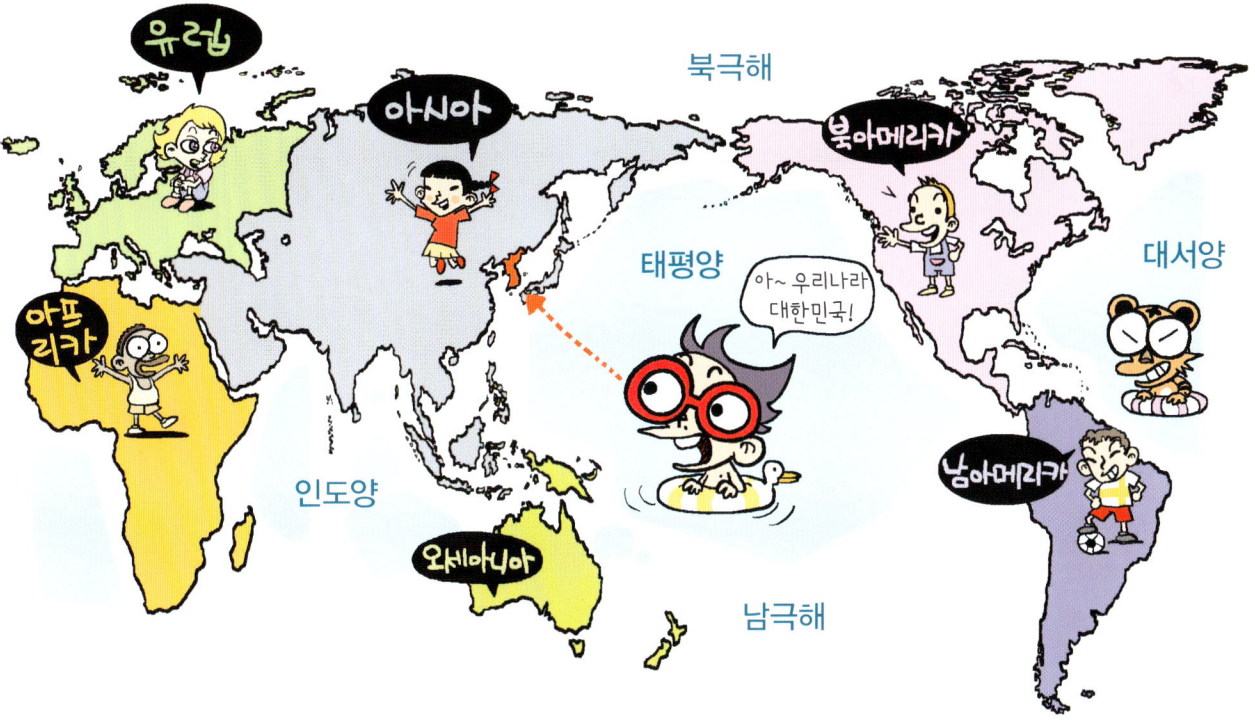

우리나라 주변에는 어떤 나라들이 있을까요?

우리나라 북쪽에는 압록강과 두만강을 건너 중국과 러시아가 있어. 서해를 건너면 중국이 있고 동해와 남해를 건너면 일본이 있단다. 또한 태평양을 건너면 미국이 있지. 우리나라는 중국, 일본, 러시아와 나아가 미국을 잇는 통로에 위치해 있으면서 태평양의 중심 국가로 발돋움하고 있어.

우리나라 수도는 어디일까요?

우리나라의 수도는 서울로 한반도의 서쪽 중앙에 위치해.(서울의 위치는 66쪽 지도에서 확인하세요.) 서울 주변을 관악산, 용마산, 북한산, 덕양산이 둘러싸고 있어. 또한 한강이 서울의 동서를 가로지른단다.

서울에는 우리나라 전체 인구의 약 5분의 1 정도가 살고 있어. 서울의 면적이 전 국토의 10분의 1도 안 되는데(정확히 100분의 6), 정말 많은 사람들이 살고 있지?

우리나라 전체 인구는 얼마냐고?

약 5,000만 명으로 인구수로 따져 봤을 때 세계에서 약 28위야.

서울에 많은 사람들이 몰려드는 이유는 정치, 경제, 문화, 교통, 교육의 중심지이기 때문이란다. 각종 산업과 금융, 병원과 대학이 서울에 몰려 있기 때문에 자연스럽게 공항과 고속철도, 고속도로까지 편리한 교통 시설을 두루 갖추게 되었지.

서울의 도심 풍경

와! 역시 서울엔 없는 게 없어!

우리나라 날씨는 어떨까요?

우리나라는 봄, 여름, 가을, 겨울 사계절이 있어. 봄은 따뜻해서 새싹들이 돋아나고 꽃들이 피어나. 여름에는 덥고 비가 많이 와서 종종 홍수로 피해를 입기도 하지. 그리고 가을은 서늘하고 상쾌하단다. 그동안 가꾸어 왔던 농작물들을 거두어들이는 계절이기도 해. 그리고 겨울은 춥고 건조해.

또한 땅 모양과 지역에 따라 다양한 기후가 나타나.

우리나라 땅은 남쪽에서 북쪽으로 긴데, 남쪽으로 내려갈수록 따뜻하고 북쪽으로 올라갈수록 추워. 그리고 북서쪽에서 불어오는 추운 바람을 막아 주는 태백산맥과 동해에 흐르는 난류(따뜻한 바닷물의 흐름)의 영향으로 서쪽 해안 지역보다 동쪽 해안 지역이 더 따뜻하단다.

우리나라 땅은 어떻게 생겼을까요?

우리나라 지도 모양을 보면 호랑이가 발을 들고 북쪽 대륙을 향해 용맹하고 힘차게 뛰어오르는 모습과 닮았어. 그런데 가끔 한반도 모양이 토끼 같다고 말하는 사람이 있어. 왜 그런 말이 나왔을까?

옛날에 일본이 우리나라를 강제로 지배했을 때가 있었어. 일본은 그때 우리 민족의 힘찬 기상을 꺾기 위하여 의도적으로 우리나라 땅 모양이 순하고 귀여운 토끼처럼 생겼다고 교육시켰단다. 한마디로 우리나라 사람들을 순종적이고 얌전하게 만들려고 지어낸 말이지.

그렇지만 우리나라 땅 모양은 토끼보다는 호랑이에 더욱 가깝단다. 호랑이의 머리 부분에는 백두산이 있는데 대륙을 향해 으르렁거리는 호랑이의 모습이야. 앞다리 오른발은 함경북도 두만강 일대를 나타내고, 앞다리 왼발은 평안도 강계 지역, 뒷다리 오른발은 황해도, 뒷다리 왼발은 전라도, 꼬리 끝은 변산반도 일대를 나타낸단다. 또한 호랑이의 등줄기와 등뼈는 바로 백두대간이지.

이제 우리나라 땅이 어떤 모양인지 알겠지?

따라 그려봐 땅 모양

호랑이처럼 용맹스럽고 자랑스러운
우리나라 땅을 따라 그려 보아요.

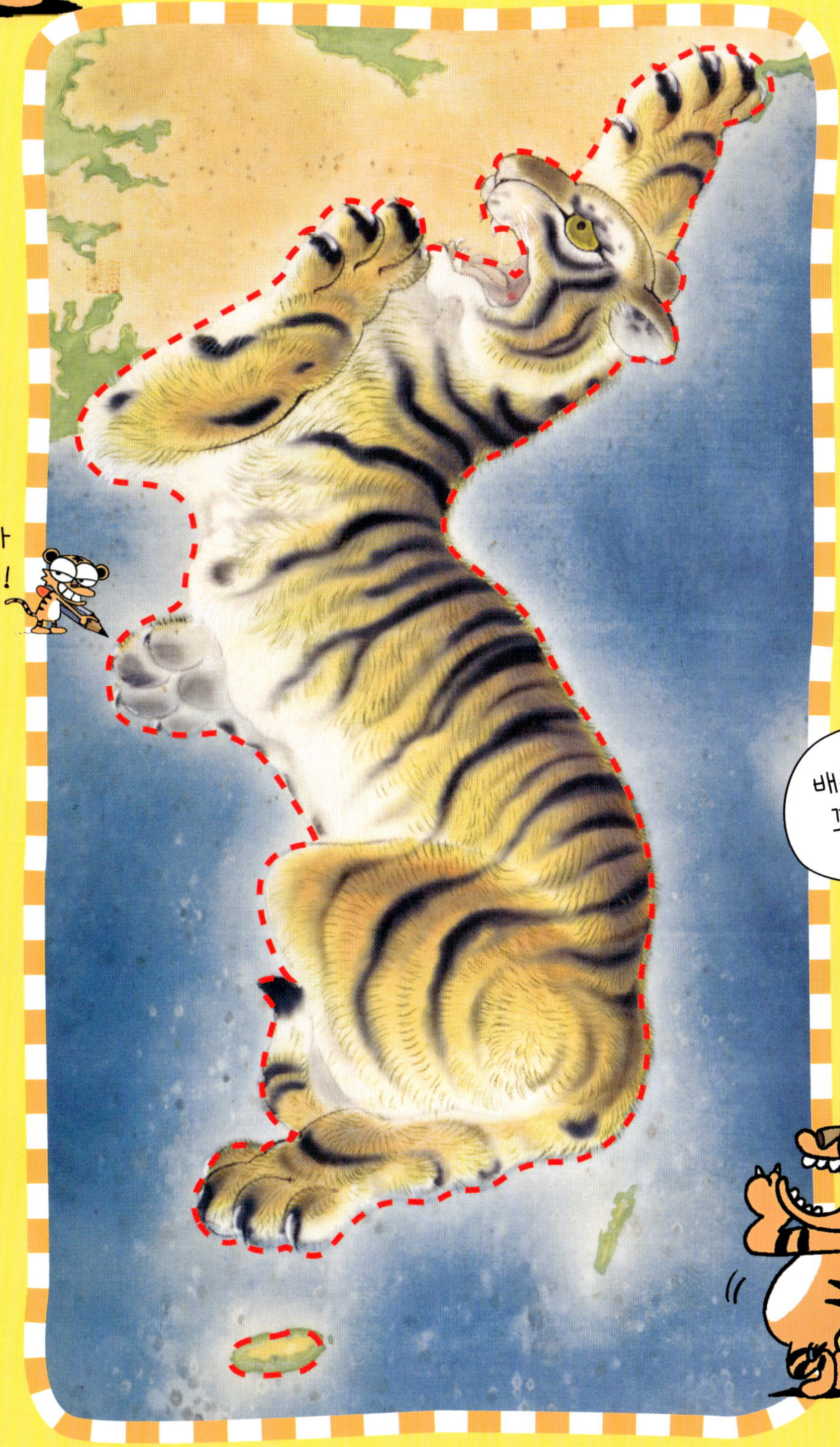

여기가 황해도 지역!

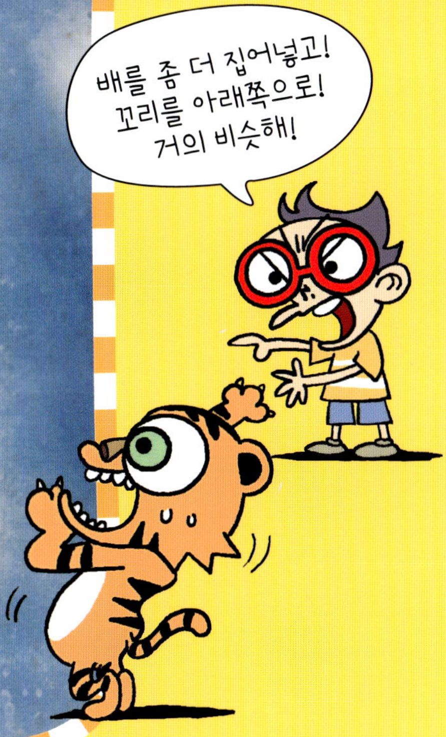

배를 좀 더 집어넣고!
꼬리를 아래쪽으로!
거의 비슷해!

〈근역강산맹호기상도〉 고려대학교 박물관 소장

따라 그려봐 태극기

흰색 바탕에 태극 문양과 건곤감리 4괘로 되어 있는 태극기를 따라 그려 보아요.

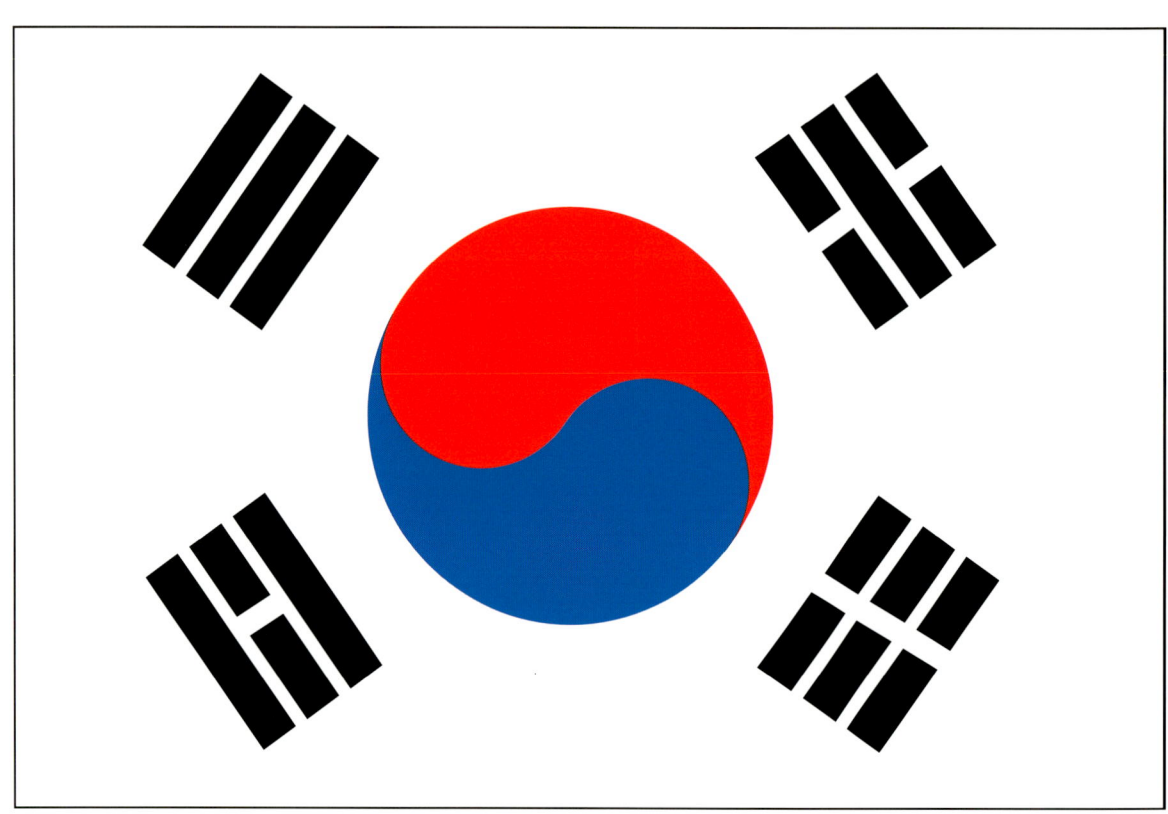

태극기 그리는 방법

1. 가로와 세로의 비율이 3:2인 직사각형을 그린다.
2. 중앙에 세로 길이의 반 정도 크기가 되는 원을 그린다.
3. 물결치는 태극 문양에 위는 빨강, 아래는 파랑으로 칠한다.
4. 4괘는 태극기 세로 길이의 4분의 1 크기로, 나비(▷◁) 모양으로 3(☰), 4(☱), 5(☵), 6(☷)의 선을 그리고, 검정으로 칠한다.

가로를 조금 더 길게 그려야 해.

도란도란 딸콩이 이야기

우리나라 국기 태극기

국기는 국가를 상징하는 깃발이야. 국기의 문양과 색깔에는 그 나라의 전통과 이상이 담겨 있어서 국가의 권위와 위엄을 상징하지. 우리나라의 국기는 태극기야. 태극기는 3·1절, 광복절 등 국경일이나 기념일에 집 앞에 달기도 하고, 올림픽이나 월드컵과 같은 세계 스포츠 대회에서 흔들며 응원하기도 해.

그럼 태극기 문양에는 어떤 뜻이 담겨 있을까?

흰색 바탕은 평화를 사랑하는 우리 민족의 밝고 순수한 마음을 담고 있어. 가운데 태극 무늬는 음(파랑)과 양(빨강)의 조화를 상징해. 태극(☯)을 중심으로 네 모서리에 있는 4괘의 이름은 건(☰), 곤(☷), 감(☵), 리(☲)로 하늘, 땅, 물, 불을 각각 상징한단다. 이처럼 태극기의 문양 하나하나는 우리 민족의 정신을 담고 있어.

우리나라 국가 애국가

우리나라 국가는 애국가야. 나라를 사랑하는 마음으로 온 국민이 부르는 노래지. 오늘날 우리가 부르고 있는 애국가의 노랫말은 외세의 침략으로 나라가 위기에 처해 있던 1907년 무렵에 나라를 사랑하는 마음과 자주 의식을 북돋우기 위하여 만들어졌어. 그리고 1935년 안익태 선생님이 그 가사에 아름다운 음률을 붙였단다.

우리나라 꽃 무궁화

무궁화는 우리나라를 상징하는 나라꽃이야. 예로부터 우리 민족의 사랑을 받아 온 무궁화는 '꽃과 꽃이 끝없이 이어서 피는 꽃'이라는 뜻을 지니고 있어. 실제로 무궁화는 100일 가까이 꽃을 피운단다. 또한 병에 잘 걸리지 않고 꿋꿋하게 꽃을 피우는 모습은 강한 정신력을 가진 우리 민족과도 닮았어. 옛 기록을 보면, 우리 민족은 무궁화를 고조선 이전부터 하늘나라의 꽃으로 귀하게 여겼어. 중국에서도 우리나라를 오래전부터 '무궁화가 피고 지는 군자의 나라'라고 칭송했대.

우리나라 동물 호랑이

호랑이는 멸종 위기종으로 지금은 거의 찾아볼 수 없지만 옛날에는 우리나라 곳곳의 산에 호랑이가 많이 살았어. 호랑이는 모든 동물들의 제왕으로 물러설 줄 모르는 용맹함과 강한 정신력을 상징한단다.

단군 신화에도 나오는 호랑이는 우리 민족에게는 매우 친근한 동물이기 때문에 마스코트로 많이 사용하고 있어. 지난 1988년 서울올림픽의 마스코트 호돌이, 서울의 캐릭터 왕범이 등은 모두 호랑이를 캐릭터화한 것이란다.

우리나라 나무 소나무

"남산 위에 저 소나무 철갑을 두른 듯 바람서리 불변함은 우리 기상일세."
우리나라 애국가 2절에 나오는 소나무는 우리 민족을 대표하는 나무로 옛날부터 사랑받아 왔어.

소나무는 봄, 여름, 가을, 겨울 한결같은 모습으로 잎이 푸르고, 겨울의 눈서리도 잘 견디어 낸단다. 어려운 환경에서도 꿋꿋하게 잘 자라기 때문에 우리 민족의 씩씩한 기상과 굳은 의지를 상징하기에 부족함이 없어.

바로바로 퀴즈 ㅋㅋㅋ

아래 글은 우리나라를 상징하는 것들에 대한 설명입니다.
설명에 해당하는 것을 〈보기〉에서 골라 넣으세요.

1. 배추를 소금에 절여서 발효시킨 음식으로 단백질, 무기질, 비타민 등이 많아 영양 만점이에요.

2. 예로부터 몸을 단련하고 정신을 수양하기 위해 하던 우리 민족 고유의 무예예요. 얍! 얍!

3. 곧게 뻗은 직선과 부드러운 곡선이 조화를 이룬 매우 아름다운 우리나라 전통 의상이에요.

4. 진도의 토종개로 천연기념물 제53호로 지정되어 있어요. 용감하고 지혜로우며 주인을 잘 따르지요.

5. '꽃과 꽃이 끝없이 이어서 피는 꽃'이라는 의미를 가지고 있으며 우리나라를 상징하는 꽃이에요.

보기: 태권도, 진돗개, 무궁화, 한복, 김치

태극기는 흰색 바탕에 태극 문양과 4괘가 있습니다. 아래에서 맞게 그려진 태극기를 찾아보세요.

아하! 그렇구나!

22쪽 정답

1. **김치** 우리나라 고유 음식으로 배추김치, 열무김치, 물김치, 깍두기 등 종류가 다양해요.

2. **태권도** 우리 고유의 전통 무술로, 세계적인 스포츠로 인정받았어요. 손과 발, 또는 몸의 각 부분을 사용하여 차기, 지르기, 막기 따위의 기술로 공격과 방어를 하는 운동이에요.

3. **한복** 설날이나 추석과 같은 우리나라 고유 명절에 많이 입어요.

4. **진돗개** 용감하고 영리한 갯과의 동물로 우리나라를 대표하는 토종개예요.

5. **무궁화** 무궁화 문양은 국기봉, 나라 문장 등 곳곳에 사용되고 있어요.

23쪽 정답 ④

태극기는 우리나라를 상징하는 깃발이기 때문에 여러 나라가 모이는 대회나 행사에서 태극기만 봐도 우리나라를 금방 찾을 수 있어요.

2
산들산들 바람 따라 산으로 가 볼까요?

산맥과 산에 대해서 알아보아요

우아~, 여기도 산 저기도 산이네. 우리나라에는 산이 아주 많단다. 글쎄 우리나라 국토의 10분의 7 정도가 산이고, 남한에만 산이 4,440개나 된대. 자, 맑은 공기 마시며 산 정상에 올라 '야호!' 하고 외쳐 볼까?

대부분 낮은 우리나라 산

우리나라에 산이 많기는 하지만 대부분 낮은 산이야. 우리나라의 산들은 아주 오래전에 만들어졌어. 산이 처음 생겼을 때에는 아주 높고 험했는데 세월이 지나면서 비바람에 깎이고 깎여서 지금처럼 낮고 완만한 모습이 된 거야. 이런 산의 모습은 우리가 어디서나 쉽게 볼 수 있어.

그렇지만 낮은 산만 있는 것은 아니야. 높은 산도 있는데 우리나라의 높은 산들은 주로 북쪽과 동쪽에 있어. 그래서 하천도 높은 동쪽에서 낮은 지역인 서쪽과 남쪽으로 흐른단다.

고원은 산이에요? 평지예요?

고원은 산꼭대기에 있지만 경사가 아주 완만한 곳을 말해. 높은 곳에 있기 때문에 다른 곳보다 기온이 낮아. 그래서 여름에도 서늘한 기온에서 자라는 배추, 무, 감자를 재배할 수 있단다. 또한 겨울에는 눈이 잘 녹지 않아서 스키장으로도 이용되지. 그리고 풀이 자라기 좋은 조건이어서 소나 양을 키우는 목장으로 이용되고 있단다.

우리나라는 북동쪽 산맥이 높아요

아주 먼 옛날에는 땅의 움직임이 활발했어. 그래서 땅이 갈라지기도 하고 높이 솟아오르기도 했단다. 이때 우리나라의 땅도 활발하게 움직였는데 서남쪽보다 북동쪽이 더 많이 움직여서 높이 솟아오르게 되었어. 그래서 우리나라 북동쪽 산맥이 높고 험준하게 된 거야. 지금도 우리가 살고 있는 땅은 날마다 운동을 하고 있지만 아주 조금씩 움직이기 때문에 우리가 느끼지 못하는 거란다.

산맥은 지역마다 다른 문화를 만들어요

산맥은 지역을 나누는 기준이 되기도 한단다. 높고 험한 산맥이 가로막혀 있다 보니 다른 지역 사람들이 서로 만나기가 어렵게 되어서 지역마다 서로 다른 문화가 만들어지는 거야. 그래서 같은 나라에 살아도 지역에 따라 음식이라든가 옷, 집의 형태와 구조, 말투 등이 서로 다르단다.

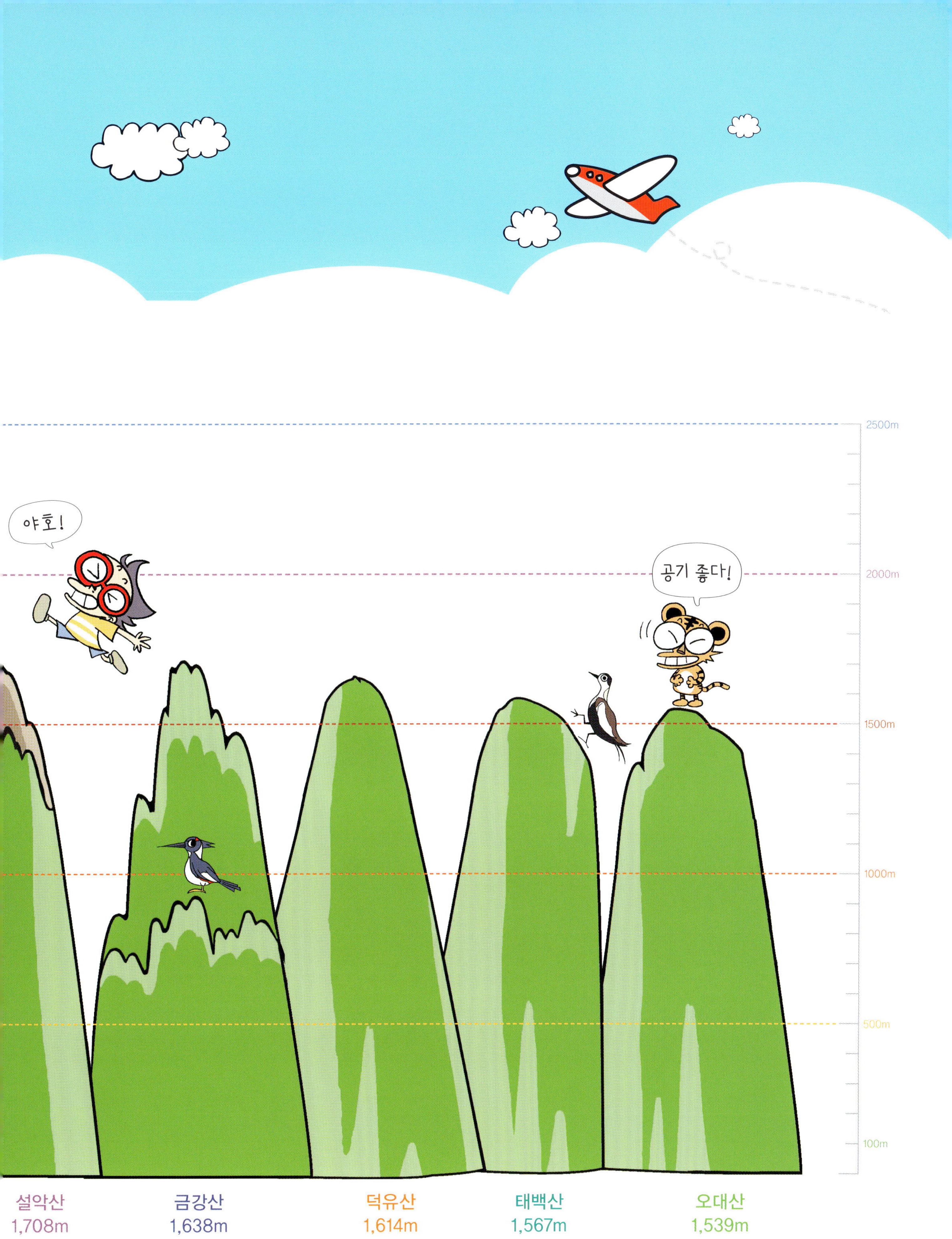

따라 그려봐 산맥

우리나라 등줄기에 있는 태백산맥부터 점선을 따라 그려 보고, 산맥 이름을 말하면서 빈칸에 써 보세요.

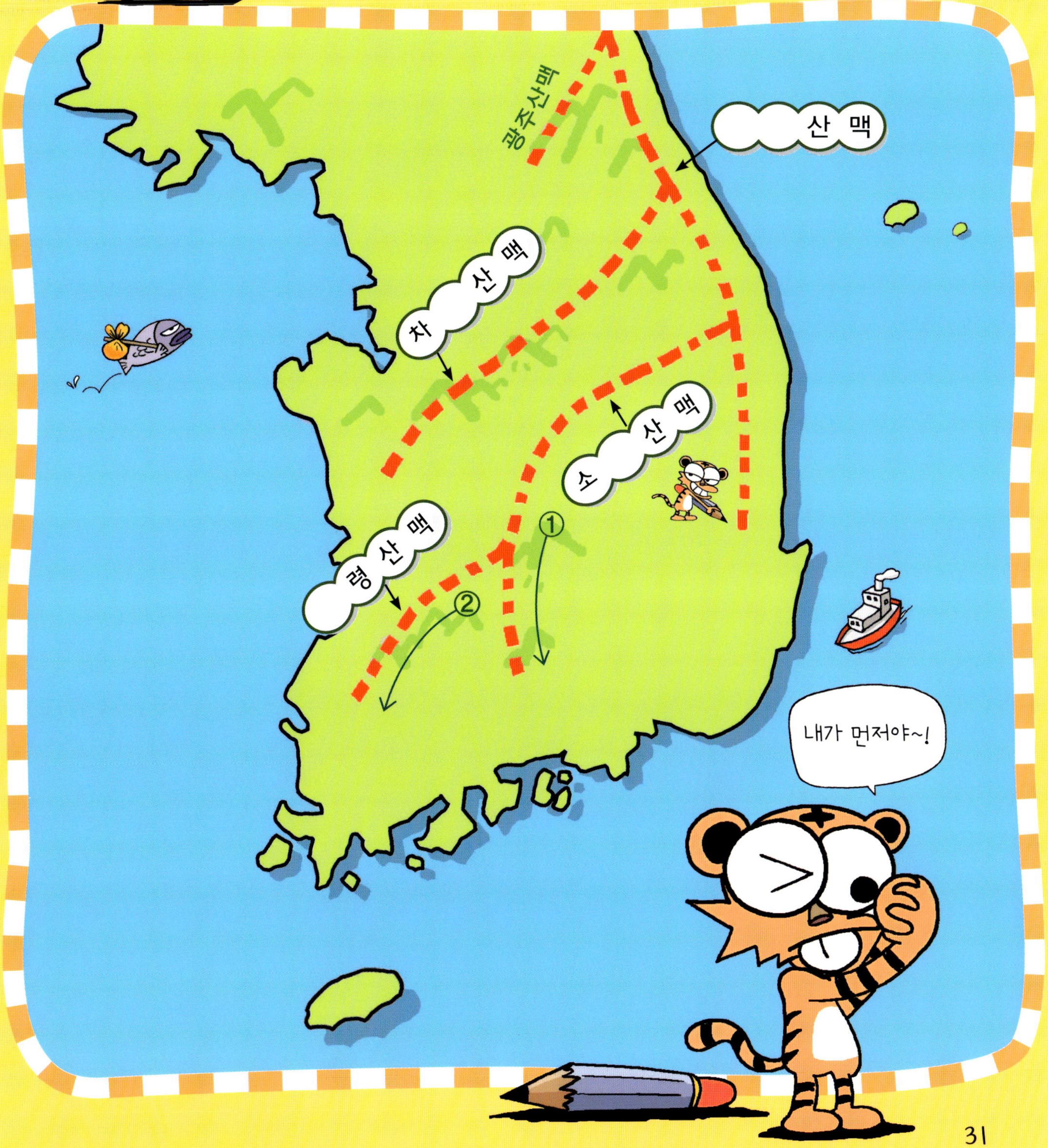

○○○ 산맥

차○ 산맥

소○ 산맥

○령 산맥

광주산맥

내가 먼저야~!

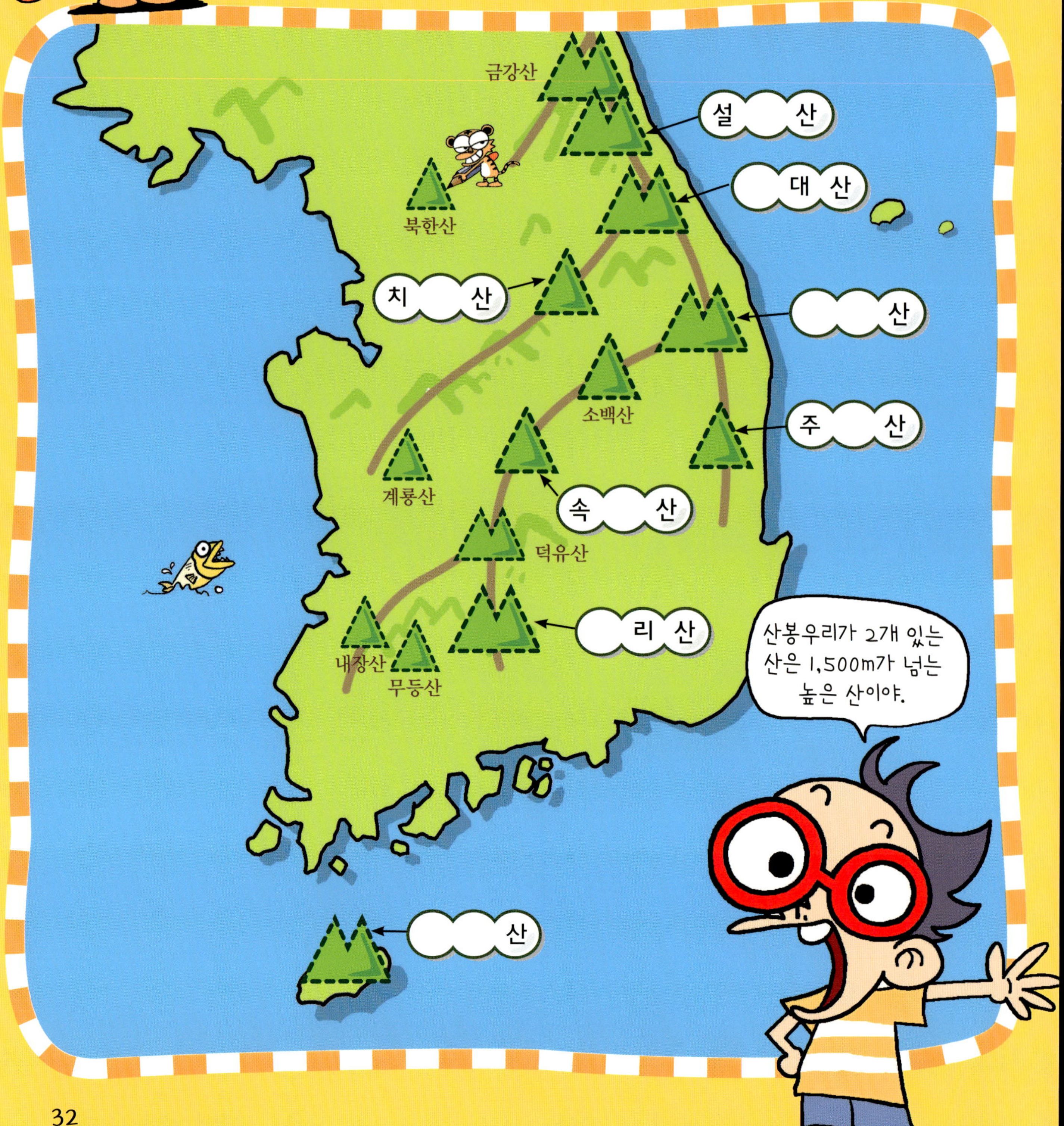

따라 그려봐 산맥과 산

산맥 근처에는 높고 낮은 산이 있어요.
산맥과 산을 따라 그려 보고, 이름을 말해 보세요.

○○산
○○산
○○산
○○산맥
○○산맥
○○산
○○산맥
○○산

산맥을 그리고 나서 산을 그리자!

혼자 그려봐 산맥과 산

우리나라 산맥과 산의 위치를 확실히 익혔죠?
자, 이제 아래 지도에 혼자서 그려 볼까요?

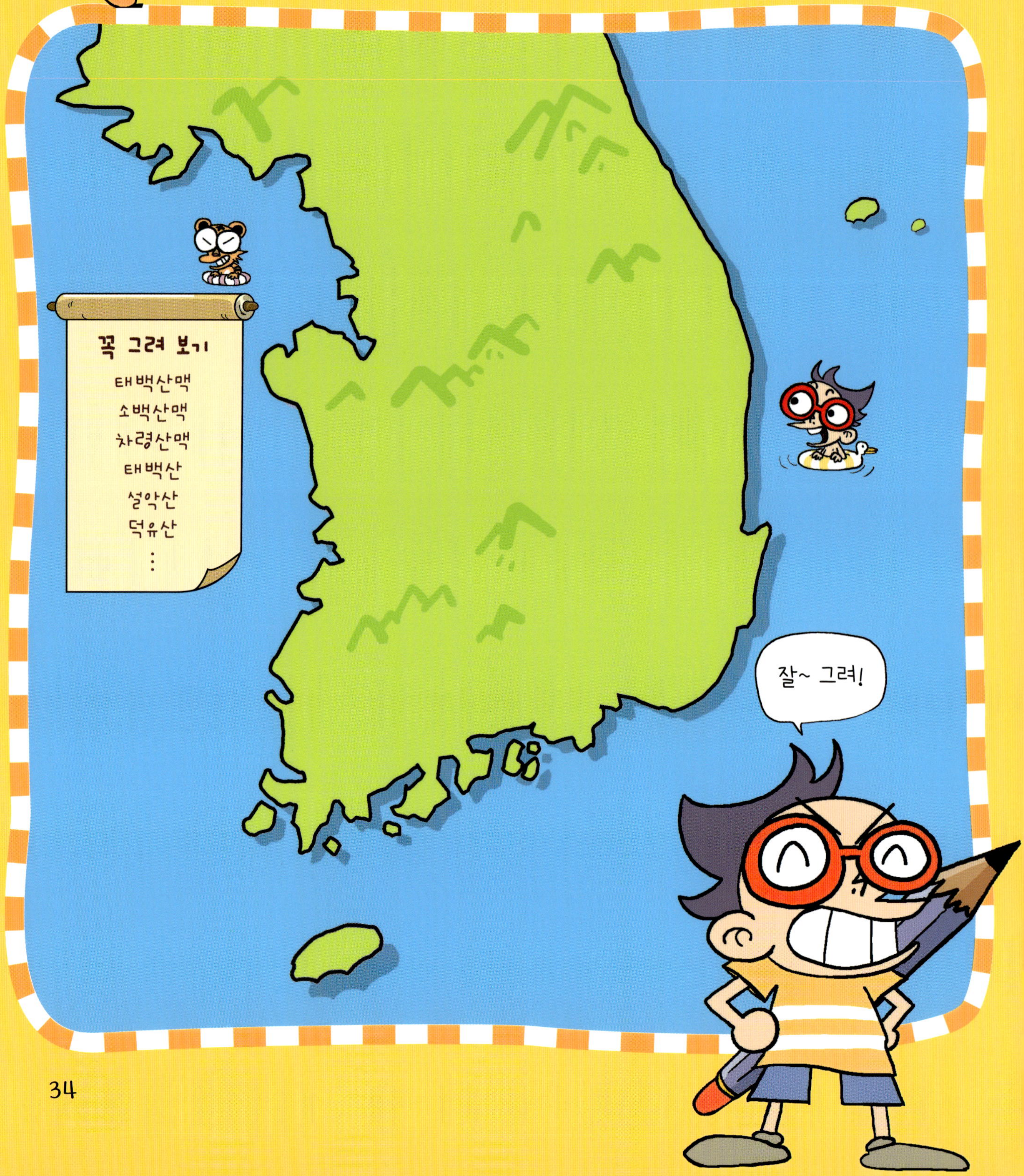

꼭 그려 보기
태백산맥
소백산맥
차령산맥
태백산
설악산
덕유산
…

잘~ 그려!

도란도란 딸콩이 이야기

산봉우리 모양이 달라요!

지리산은 부드러운 흙산인데?

설악산과 지리산은 같은 산인데 모양이 달라.
설악산은 울퉁불퉁하고 험악하게 생겼지만
지리산은 둥글둥글 부드럽게 생겼단다.
왜 모양이 서로 다를까?
그것은 바로 산을 구성하는 물질이 다르기 때문이야.
설악산은 화산 폭발로 넘쳐 나온 용암이 굳어서 산이 되었는데, 오랜 세월에 걸쳐서 바위의 약한 부분은 부스러져서 날아가고 단단한 부분만 남아서 바위산을 이루게 되었지.
하지만 지리산은 바닷속에서 차곡차곡 쌓인 것이 오랜 세월 동안 굳어서 만들어졌어. 지리산은 비와 바람이 몰아치면 아주 작은 가루로 부서져서 고운 흙이 된단다. 부드러운 흙이 산을 덮고 있기 때문에 나무들이 잘 자라. 그래서 흙으로 만들어진 산에는 숲이 우거질 수 있단다. 또한 물이 마르지 않아서 사람이 살기에도 아주 좋아.

설악산은 튼튼한 바위산이야!

한라산에 있는 연못, 백록담의 전설

옛날에 힘이 세고 활을 잘 쏘는 사냥꾼이 살았어.

하루는 사냥을 허탕 치고 빈손으로 집에 돌아가려 하는데, 마침 새 한 마리가 머리 위로 지나가 맞은편 바위 위에 앉는 거야.

사냥꾼은 재빨리 활의 시위를 당겼어. 그러나 새는 화살을 피해 포르르 날아가더니 좀 떨어진 바위 위에 앉는 거야. 사냥꾼은 다시 한 발의 활을 더 쏘았지만 이번에도 맞지 않았어.

화가 난 사냥꾼은 세 번째 활을 당겼어. 그런데 그 화살 역시 빗나가서 낮잠 자는 해님의 배를 맞히고 만 거야. 화가 난 해님은 벌떡 일어나서 사냥꾼이 서 있는 한라산 정상을 걷어찼어. 그래서 한라산 정상이 움푹 들어가게 되었대.

이런 재미난 전설이 있지만 사실 한라산 꼭대기에 있는 백록담은 땅속에 있던 마그마가 뻥 터지면서 오목한 연못이 만들어진 거란다.

울산바위가 울산에 없는 까닭은?

울산바위가 강원도 설악산에 살게 된 이야기를 들려줄게. 하나님은 이 세상을 만들면서 금강산을 이 세상에서 가장 멋지고 아름다운 산으로 만들고 싶었어. 금강산을 어떻게 만들까 고민하던 끝에 일만 이천 개의 봉우리를 만들기로 했단다.

그래서 잘생긴 바위는 모두 금강산에 모이도록 명령을 내렸어.

이 소식을 듣고 전국에서 다양하게 생긴 바위들이 모여들기 시작했지. 경상도 울산에 있었던 큰 바위도 이 소식을 듣고 금강산으로 길을 떠났단다. 그런데 큰 바위는 워낙 덩치가 크고 몸도 무거워서 느림보 걸음으로 갔지 뭐야. 겨우 힘들게 설악산까지 왔는데 이미 일만 이천 봉우리가 모두 모여 금강산이 만들어진 후였어.

울산바위는 너무 속상해서 펑펑 울었는데 그 눈물이 개울을 이룰 정도였어. 그래서 울산바위 앞에 흐르는 물을 '눈물개울'이라고 부르게 되었단다.

또한 울산바위는 너무 창피해서 고향인 울산으로 돌아갈 수가 없었어. 그래서 설악산에 눌러앉게 되었대.

높새바람이 심술을 부리는 까닭은?

높새바람?

높은 곳에서 새가 바람을 일으키는 건가?

아니야. 늦은 봄과 초여름 사이에 강원도 태백산맥 서쪽인 영서 지방으로 부는 바람이야.

영동 지방에서 영서 지방으로 부는 바람이구나.

그렇지!

이 바람이 불면 영서 지방의 농작물이 말라 버린대.

엥?

무서운 바람이다! 농작물을 말리다니!

궁금하지? 그럼 높새바람에 대해 더 자세히 알아볼까?

이 바람은 처음에는 습기가 많았어.

습기가 많은 바람인데 왜 농작물을 말려요?

알쏭달쏭! 여기가 어디일까?

산맥과 산의 이름이 보이네! 어디일까 한번 떠올려 볼까요?

한라산에는 희귀한 것들이 많이 살고 있어. 세계적으로 보기 힘든 오징어버섯도 있고 멸종 위기에 있는 도롱뇽도 살고 있어.

노령산맥의 중간쯤에 위치한 내장산은 가을철 단풍이 아름답기로 유명해.

지리산 자락에 있는 하동의 화개마을은 십리 벚꽃길로 유명해.

태백산 두메산골에 있는 너와집은 나무를 결 따라 쪼개서 기와처럼 지붕에 이은 집이야.

소백산맥에 있는 문경 레일 바이크는 예전에 석탄을 실어 나르던 철로가 폐광된 후 자전거 철로로 변신한 거야.

오대산 월정사에 있는 팔각구층석탑은 고려 초기 석탑을 대표하지.

백록담은 한라산 꼭대기에 있는 큰 연못으로 화산 폭발로 생긴 분화구야.

소백산 줄기에 있는 단양 고수동굴은 종유석과 석순이 자라는 석회암 동굴이야.

설악산 울산바위는 화강암으로 이루어진 거대한 바위로 둘레가 4킬로미터나 된대.

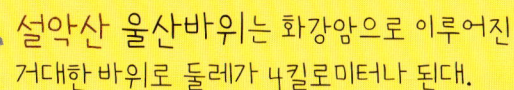

산맥과 산이 어디쯤 있는지 아는 친구들은 다음 장으로 출발!

바로바로 퀴즈

태백산맥에 대한 설명이 맞으면 ➡, 틀리면 ⬇ 로 이동해서 태백산맥에 도착해 보세요.

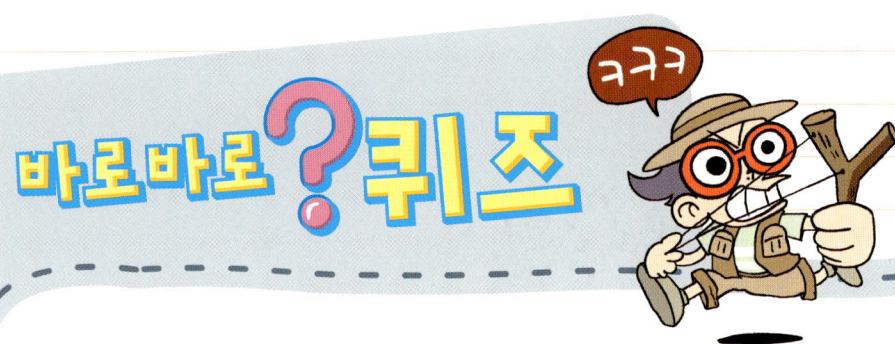

바로바로 퀴즈

우리나라는 국토의 10분의 7 이상이 산을 이루고 있습니다.
산이 있는 위치를 떠올려 보고 빈 곳에 조각을 넣어 완성해 보세요.

① ② ③ ④

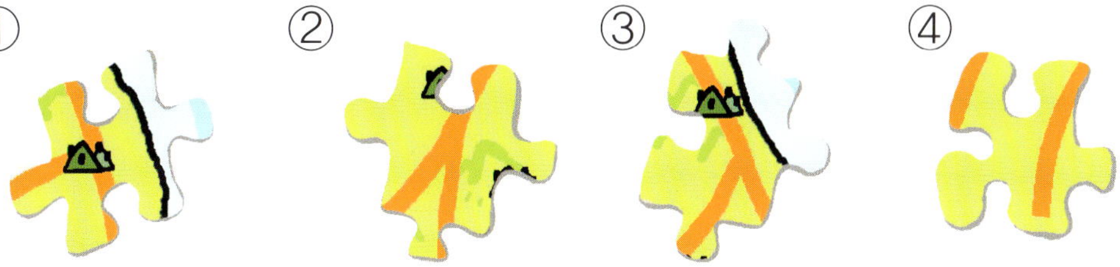

43

아하! 그렇구나!

42쪽 정답

43쪽 정답
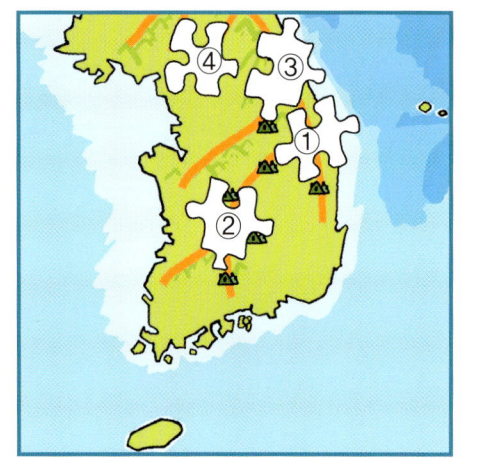

강과 평야에 대해서 알아보아요

우리 주변에는 올챙이가 사는 작은 개울에서부터 큰 물고기가 사는 커다란 강까지, 크고 작은 강들이 아주 많단다. 큰 강 주변에는 기름진 평야가 발달해서 사람들이 많이 모여 살아. 그래서 강과 평야는 항상 친구처럼 붙어 있지.

강은 어디서부터 시작하는 걸까요?

비나 눈, 우박, 안개 등이 땅에 내리면 이 중에서 일부는 하늘로 날아가고 일부는 땅속으로 들어가고 또 일부는 산골짜기를 따라 흘러내려. 처음에는 작은 물줄기였지만 아주 빨리 흐르면서 다른 물줄기들과 만나 더 큰 물줄기가 된단다. 이러한 물줄기들이 산에서부터 평지까지 흘러서 더욱 굵어지고 또 다른 큰 물줄기와 합쳐지면서 큰 강이 되어 바다로 흐르는 거지.

○○천과 ○○강은 무슨 차이일까요?

강 주변 표지판에 '○○천'이라고 쓰여 있는 것을 본 적이 있니? 또 어떤 표지판에

는 'ㅇㅇ강'이라고 쓰여 있기도 해. '강'과 '천'은 어떤 차이가 있을까?
바다로 빠져나가는 큰 강은 'ㅇㅇ강'이라고 부르고, 큰 강이 되기 전 작은 강들은 'ㅇㅇ천'이라고 불러. 강의 크기에 따라 다르게 부르는 거란다.

삼면의 특징이 다른 아름다운 바다

우리나라는 삼면이 바다로 둘러싸여 있어. 그런데 동해, 서해, 남해는 모두 바다지만 서로 다른 특징이 있단다.

높은 지형과 만나는 동해는 해안선이 단조로우며 수심이 깊고, 바닷가에는 모래사장이 펼쳐져 있어. 그러나 완만한 지형을 만나는 서해안과 남해안은 해안선이 복잡하고 크고 작은 섬들과 암초들이 많단다. 또한 수심이 얕고 고운 흙으로 이루어진 갯벌이 넓게 펼쳐져 있어.

또 하나 다른 특징은 동해에는 밀물과 썰물의 차이가 거의 없지만 남해에서 서해로 갈수록 밀물과 썰물의 차이가 크단다.

강이 있는 곳에는 평야가 발달해요

강은 산골짜기에서부터 흐르면서 흙을 운반한단다. 큰 강이 오랫동안 흐르면서 나른 흙은 강 주변에 쌓이고 쌓여서 평평하고 넓은 들을 만들어. 이것이 바로 평야야. 그래서 큰 강이 있는 곳에는 넓은 평야가 있어. 또 우리나라 하천이 서남쪽으로 흐르기 때문에 평야도 서남쪽에 많이 발달했지.

평야 지역은 물이 풍부하고 운반되어 온 흙이 기름지기 때문에 벼농사가 잘된단다. 또한 지형이 평탄해서 도로와 철도 등 교통이 발달하고 인구도 많아. 그래서 대도시들은 대부분 큰 강이 있는 평야 근처에 있지.

바다를 땅으로 바꾸는 간척 사업

우리나라는 땅은 좁은데 인구는 참 많단다. 그래서 땅을 넓히는 방법을 생각하다가 바다를 육지로 바꾸는 간척 사업을 하게 된 거야.

우리나라 간척 사업은 주로 서해안과 남해안에서 이루어지고 있어. 그 이유는 서해안과 남해안은 수심이 얕고 갯벌이 많으며 해안선이 복잡해서 바다를 메우는 작업이 쉽기 때문이야.

어느 강이 가장 길까요?

내 꼬리를 자로 쓰냐?

| 100km | 200km | 300km | 400km | 500km | 600km | 700km | 800km |

- 압록강 790km
- 두만강 521km
- 낙동강 506km
- 한강 494km
- 대동강 439km
- 금강 397km
- 임진강 254km
- 섬진강 223km
- 영산강 136km

*압록강, 두만강, 대동강, 임진강은 북한을 흐르는 강입니다.

49

혼자 그려봐 강과 평야

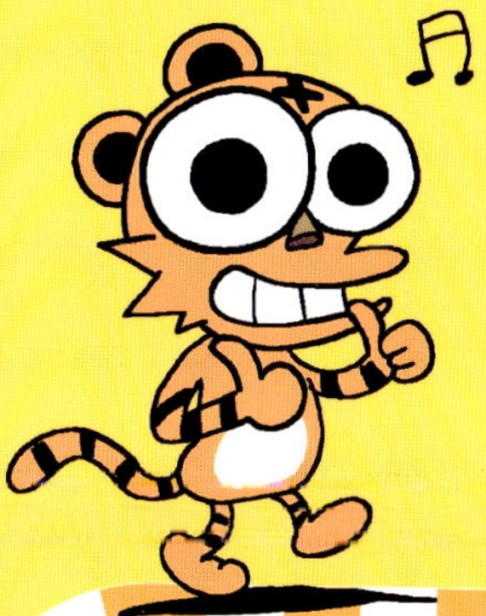

우리나라 강과 평야의 위치를 확실히 익혔죠?
자, 이제 아래 지도에 혼자서 그려 볼까요?

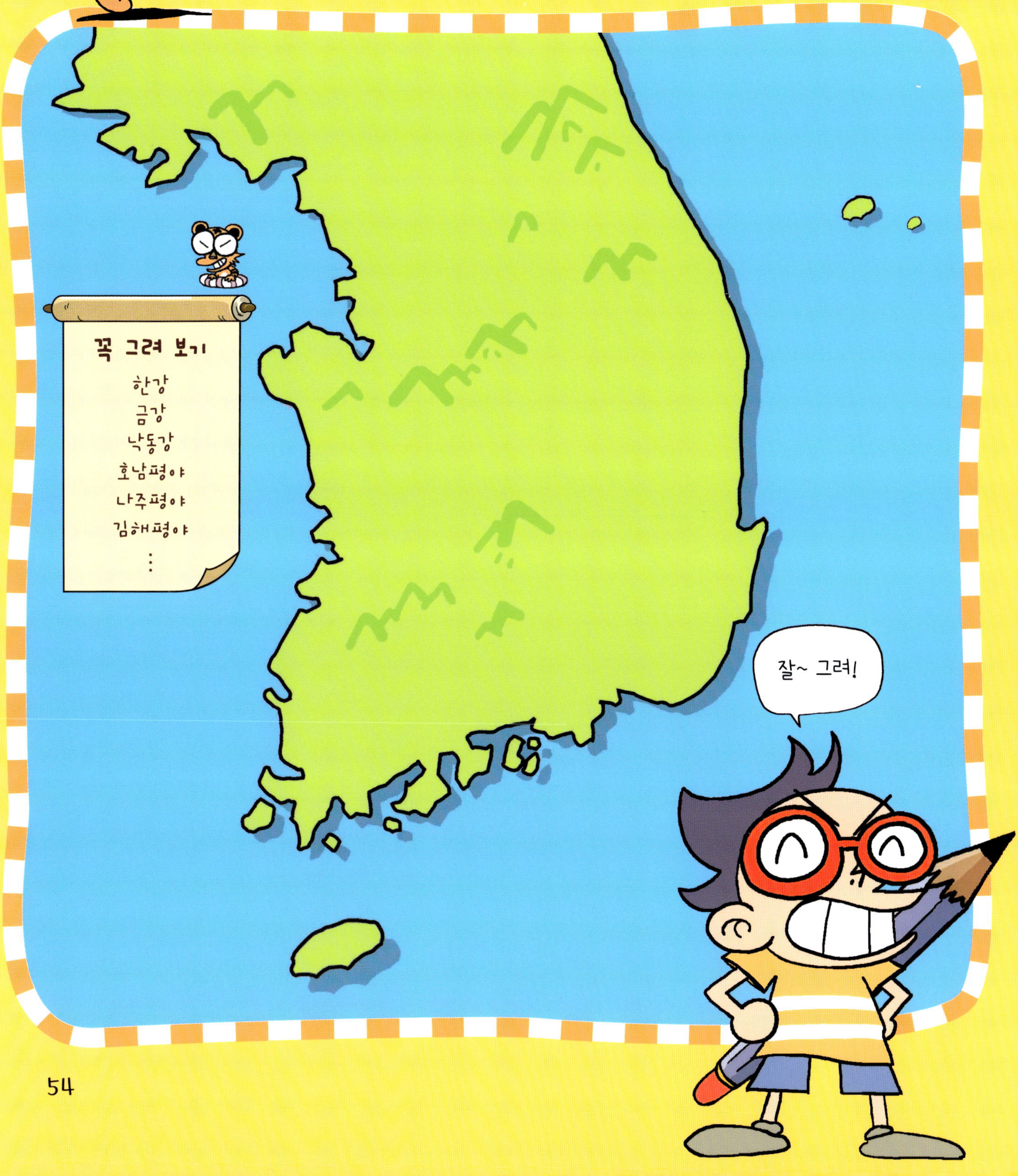

꼭 그려 보기
- 한강
- 금강
- 낙동강
- 호남평야
- 나주평야
- 김해평야
- …

잘~ 그려!

따라 그려봐 강과 평야

큰 강 근처에는 넓은 평야가 있어요.
강과 평야를 따라 그려 보고 이름도 말해 보세요.

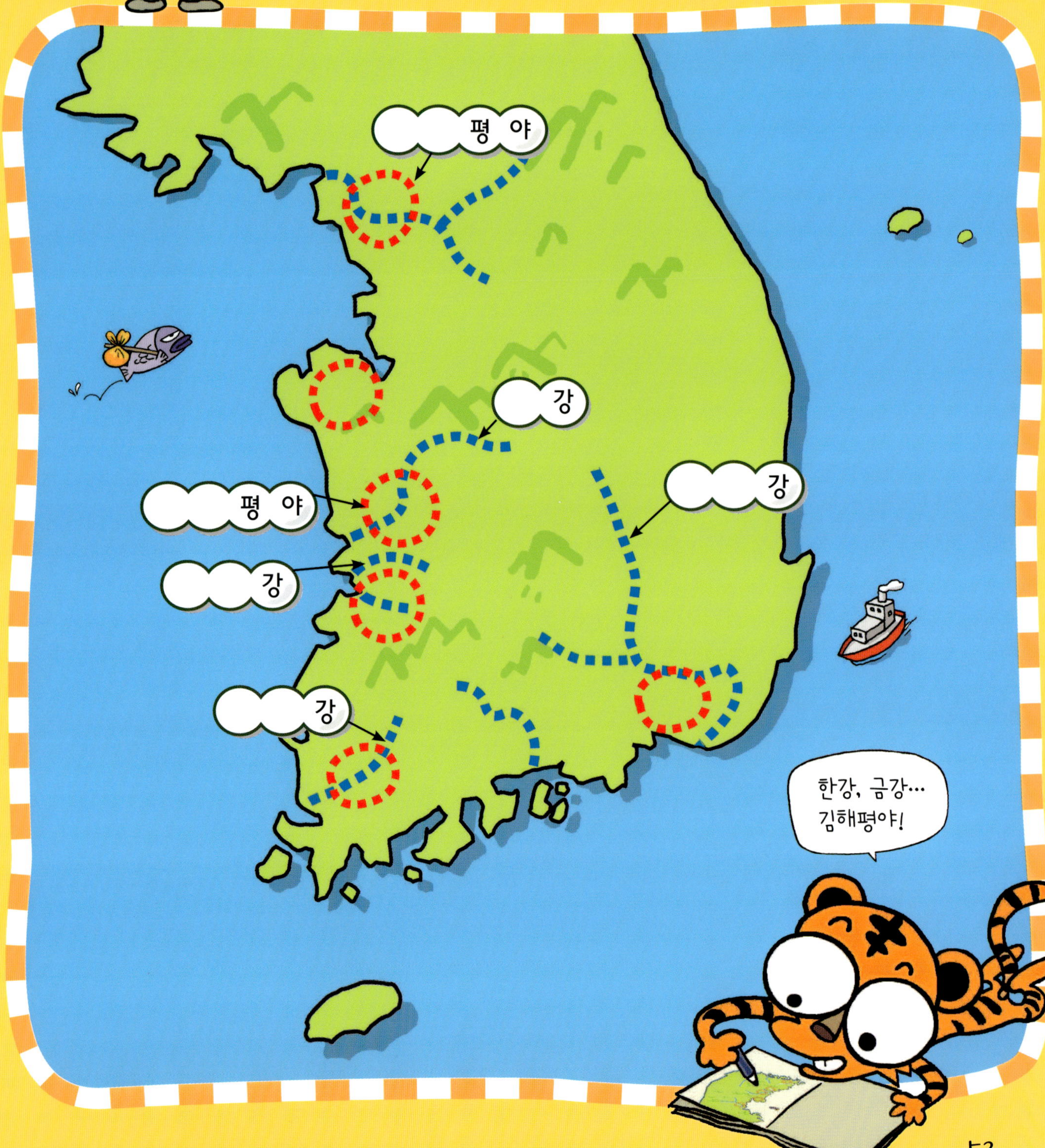

평야
강
강
평야
강
강

한강, 금강…
김해평야!

따라 그려봐 평야

큰 강 옆에 있는 평야를 따라 그려 보고, 빈칸에 평야 이름을 써 보세요.

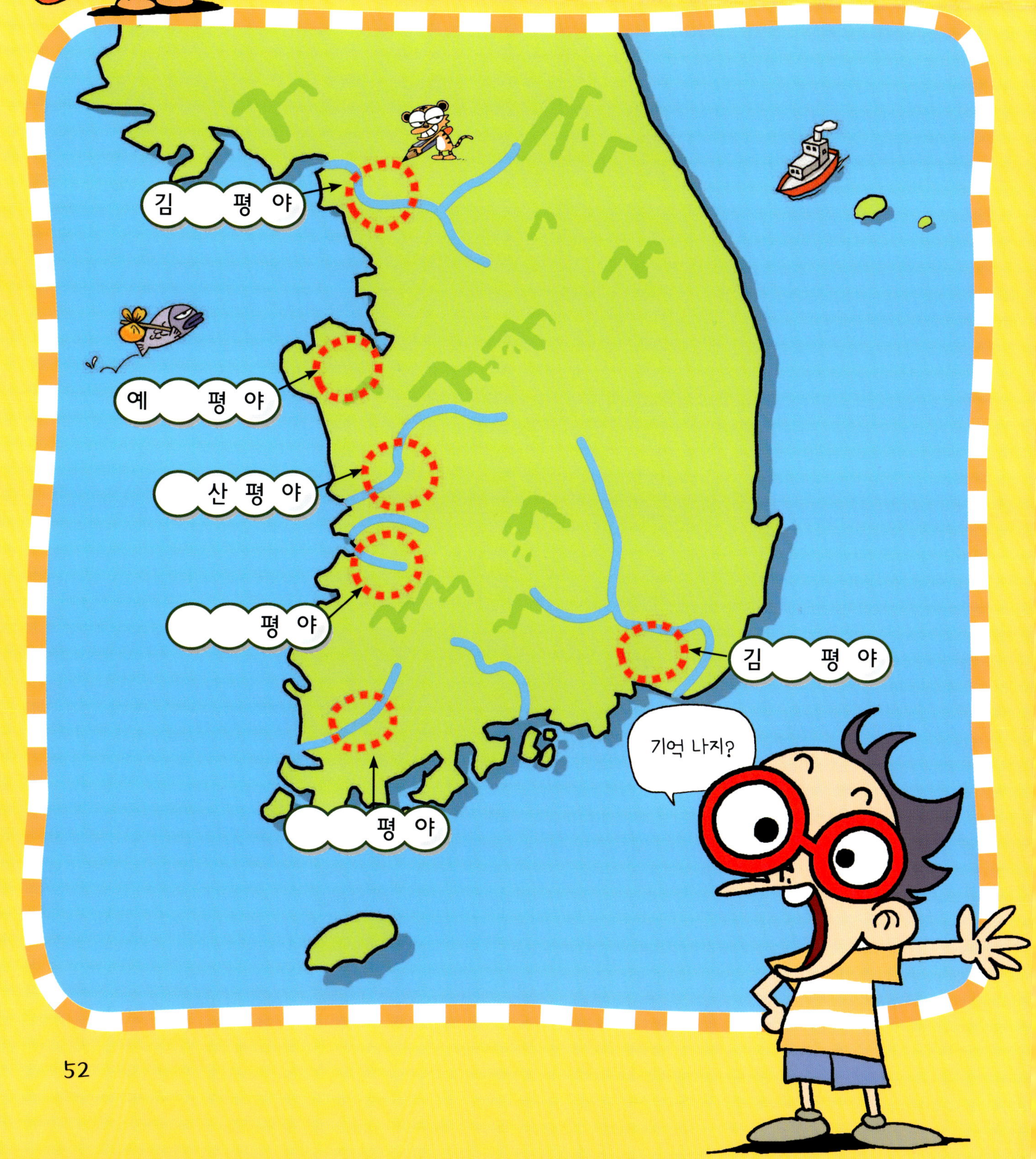

- 김□평야
- 예□평야
- 산□평야
- □□평야
- 김□평야
- □□평야

기억 나지?

따라 그려봐 강

서울을 흐르는 한강, 철새가 많은 금강, 제일 긴 낙동강…….
강 이름을 말하면서 강을 따라 그려 보아요.

도란도란 딸콩이 이야기

슬픈 역사가 있는 청령포

강원도 영월군 남한강 상류에 위치한 청령포는 강 위에 떠 있는 모래섬처럼 생겼어.

경치가 빼어나게 아름다운 곳이라서 관광객들이 많이 찾는 곳이야.

그런데 이 아름다운 곳에 슬픈 역사가 내려오고 있어.

조선 제6대 왕이었던 단종은 어린 나이에 왕이 되었지만 숙부인 수양대군에게 왕위를 빼앗기고 청령포로 쫓겨 오게 되었어.

청령포는 동, 남, 북 삼면이 깊은 물로 막히고 육지와 이어지는 서쪽은 육육봉이라는 험하고 가파른 암벽으로 막혀 있지. 그래서 나룻배로 강을 건너지 않으면 어디로도 나갈 수 없는 감옥과도 같은 곳이었어.

또한 동서로는 300척(약 9km), 남북으로는 490척(약 15km) 안에서 금송(소나무의 한 종류)을 베지 못하도록 비석을 세우고 일반인이 함부로 드나들지 못하도록 했어.

단종은 이렇게 고요하고 쓸쓸한 곳에서 외롭게 살다 갔단다.

아! 슬프다.

56

'삼다'의 섬 제주도

제주도를 일컬어 '삼다의 섬'이라고 해.
삼다는 세 개가 많다는 뜻인데 돌, 바람, 여자가 많아서 그렇게 부른단다.
사면이 바다로 둘러싸인 화산섬 제주도는 돌과 바람의 섬이야. 제주도에서는 어디를 가나 돌무더기를 쉽게 볼 수 있고, 사시사철 부는 거센 바람은 섬사람들에게 독특한 가옥을 만들게 했어.
바람을 막기 위해 돌담을 쌓아 두르고, 지붕은 굵은 밧줄로 바둑판처럼 얽어맸지. 또 제주도에는 거친 파도와 싸우며 해삼·전복·미역 등을 따는 해녀들이 많아.

그런데 제주도에는 또한 없는 게 세 가지 있어. 바로 도둑, 거지, 대문이야.
제주도 사람들은 예로부터 거칠고 척박한 자연환경을 개척하기 위해 근면하고 절약하며, 이웃끼리 서로 돕고 살아왔단다. 그래서 남의 것을 훔치거나 구걸을 하는 사람이 없어서 대문이 필요 없었지.

알쏭달쏭! 여기가 어디일까?

강과 평야의 이름이 보이네! 어디일까 한번 떠올려 볼까요?

가창오리는 겨울이 되면 금강에 놀러 와서 잠시 살다가 시베리아로 돌아가는 철새야.

논에서 모내기를 하고 있어. 만경강과 동진강 사이에 넓게 펼쳐진 호남평야는 우리나라 최대의 곡창지대야.

섬진강 하류에 있는 청매실 농원에 가면 매실을 담은 2,000개가 넘는 장독을 볼 수 있어.

동해에서 잡은 오징어를 해풍으로 말리는 오징어 덕장이야. 생오징어보다 마른 오징어가 영양이 더 풍부해.

영산강 유역에 펼쳐진 나주평야는 벼농사 이외에 배, 복숭아, 포도 등의 과일도 재배해.

삼수령은 떨어진 빗물이 세 곳으로 갈라지는 고개로 한강, 낙동강, 오십천을 통해 서해, 남해, 동해로 흘러가.

낙동강이 흘러 들어가 바다가 된 부산 태종대 해안에는 기암괴석이 파도와 더불어 아름다운 경치를 이루고 있어.

한강은 강원도에서부터 서해로 흐르는 아주 긴 강이란다.

남해에 있는 다도해해상국립공원에는 섬이 아주 많단다. 바닷물이 맑고 깨끗해서 김, 다시마, 전복 등이 많이 생산돼.

강과 평야가 어디쯤 있는지 아는 친구들은 다음 장으로 출발!

바로바로 ? 퀴즈

ㅋㅋㅋ

큰 강이 흐르는 곳 주위에는 평야가 발달해 있어요. 강 주위에 어떤 평야가 있는지 사다리를 타고 내려가 보세요.

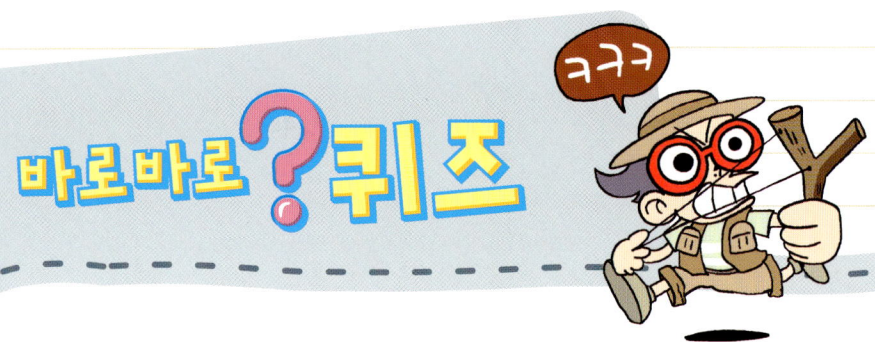

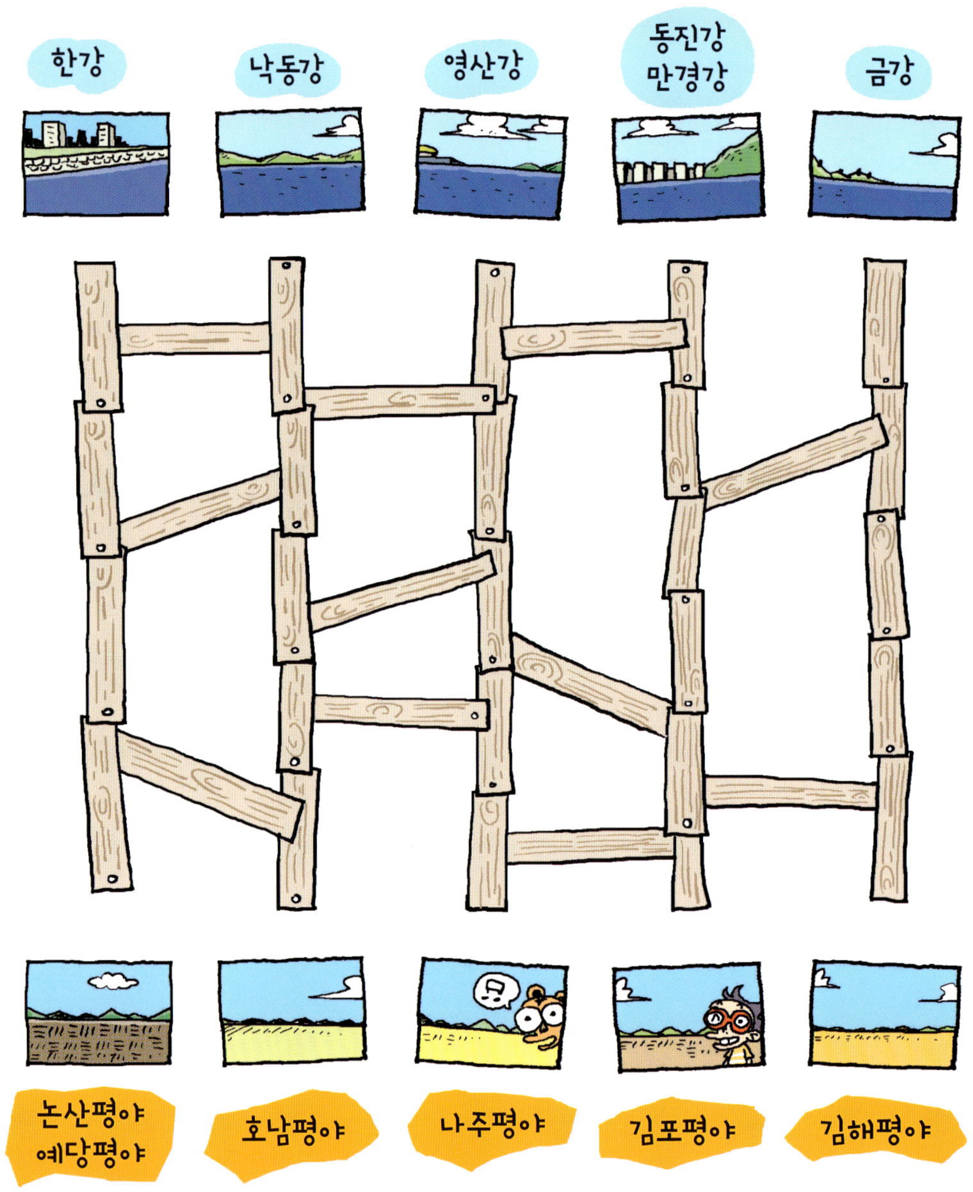
한강
낙동강
영산강
동진강
만경강
금강
논산평야
예당평야
호남평야
나주평야
김포평야
김해평야

바로바로? 퀴즈

딸콩이는 인천에서 출발하고 아기 호랑이는 강릉에서 출발해서 여수에서 만나기로 했답니다. 누가 먼저 도착할까요?

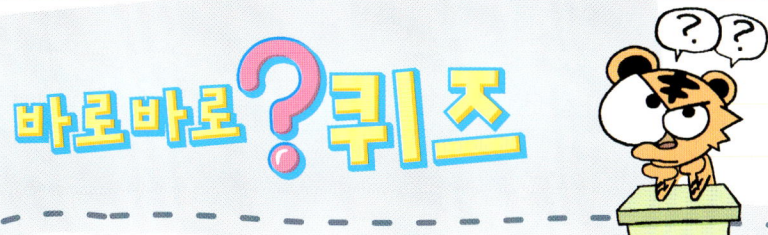

60쪽 정답

61쪽 정답   **아기 호랑이**가 땅콩이보다 먼저 도착해요.

우리나라 서해안과 남해안은 매우 꼬불꼬불하고 복잡해요. 이 지역에 위치한 전라남도와 경상남도는 다도해국립공원으로 지정될 정도로 섬이 많아요. 그러나 동해안은 높은 지형과 바다가 만나기 때문에 해안선이 단조롭고 수심(바닷물 깊이)이 깊어요.

4
우리 강산을 행정 구역으로 나누어 볼까요?

행정 구역과 도시에 대해서 알아보아요

지구를 6개의 대륙으로 나눈 것처럼 우리나라도 국토를 9개의 행정 구역으로 나누었어. 행정구역은 나라 전체의 살림과 여러 고장 사람들의 생활이 편리하도록 알맞은 넓이로 국토를 나눈 거야.

독특한 문화가 있는 행정 구역

우리나라는 1개의 특별시, 6개의 광역시, 8개의 도, 1개의 특별자치시, 1개의 특별자치도로 이루어져 있어. 8개의 도는 주로 산과 강을 경계로 나뉘고 1개의 특별자치도는 섬으로 구분되어 있어. 각 도는 저마다 독특한 문화를 형성하고 있는데 그 이유는 지역마다 지형과 기후 등 자연환경이 다르기 때문이야. 봐봐, 같은 말인데도 지역마다 표현이 다르지?

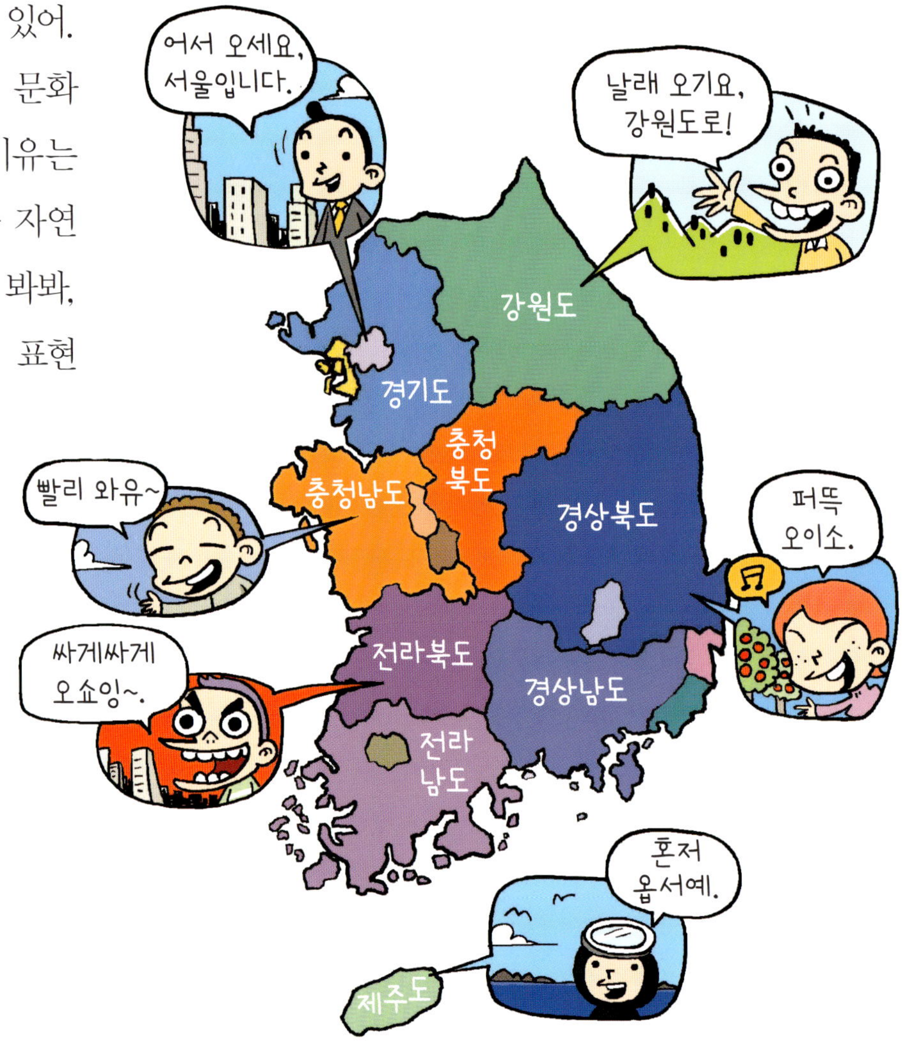

행정 구역은 9개의 도로 이루어져 있어요

9개의 도는 경기도, 강원도, 충청남도, 충청북도, 전라남도, 전라북도, 경상남도, 경상북도, 제주도로 이루어져 있어. 그리고 1개의 특별시는 서울특별시, 6개의 광역시는 부산광역시, 인천광역시, 대구광역시, 대전광역시, 광주광역시, 울산광역시야. 1개의 특별자치시는 세종시로 2012년에 생겼어.

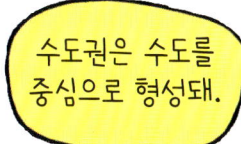
수도권은 수도를 중심으로 형성돼.

수도권	강원도	충청남도와 충청북도
서울특별시와 인천광역시 그리고 경기도 지역이 해당돼. 우리나라 인구의 절반 정도가 살고 있으며, 정치, 경제, 문화, 교육의 중심지야.	대부분이 산악 지역으로, 고개와 계곡이 많아서 경치가 빼어나지. 여름에는 서늘하지만 겨울에는 춥고 눈도 많이 와.	우리나라 교통의 요지로, 전국에서 가장 낮은 지형을 이루고 있으며 평야가 많아. 충청북도는 우리나라에서 바다와 접하지 않은 유일한 지역이야.
전라남도와 전라북도	**경상남도와 경상북도**	**제주특별자치도**
호남평야는 우리나라 최대의 곡창 지대야. 전라남도에 위치하고 있는 광주광역시는 호남 지방의 행정, 군사, 경제, 사회, 문화의 중심지란다.	경상도는 경주시의 '경'자와 상주시의 '상'자가 합쳐진 말이야. 경상도 전역에는 낙동강이 흐르고 대구광역시, 부산광역시, 울산광역시가 있어.	우리나라에서 가장 큰 섬으로 남한에서 가장 높은 한라산이 있어. 따뜻한 해양성 기후와 독특한 자연환경으로 세계적인 휴양 관광지로 발돋움하고 있단다.

따라 그려봐 행정 구역

번호대로 행정 구역을 따라 그려 보아요.
큰 땅을 다시 남북으로 나누면 9개의 도가 되죠!

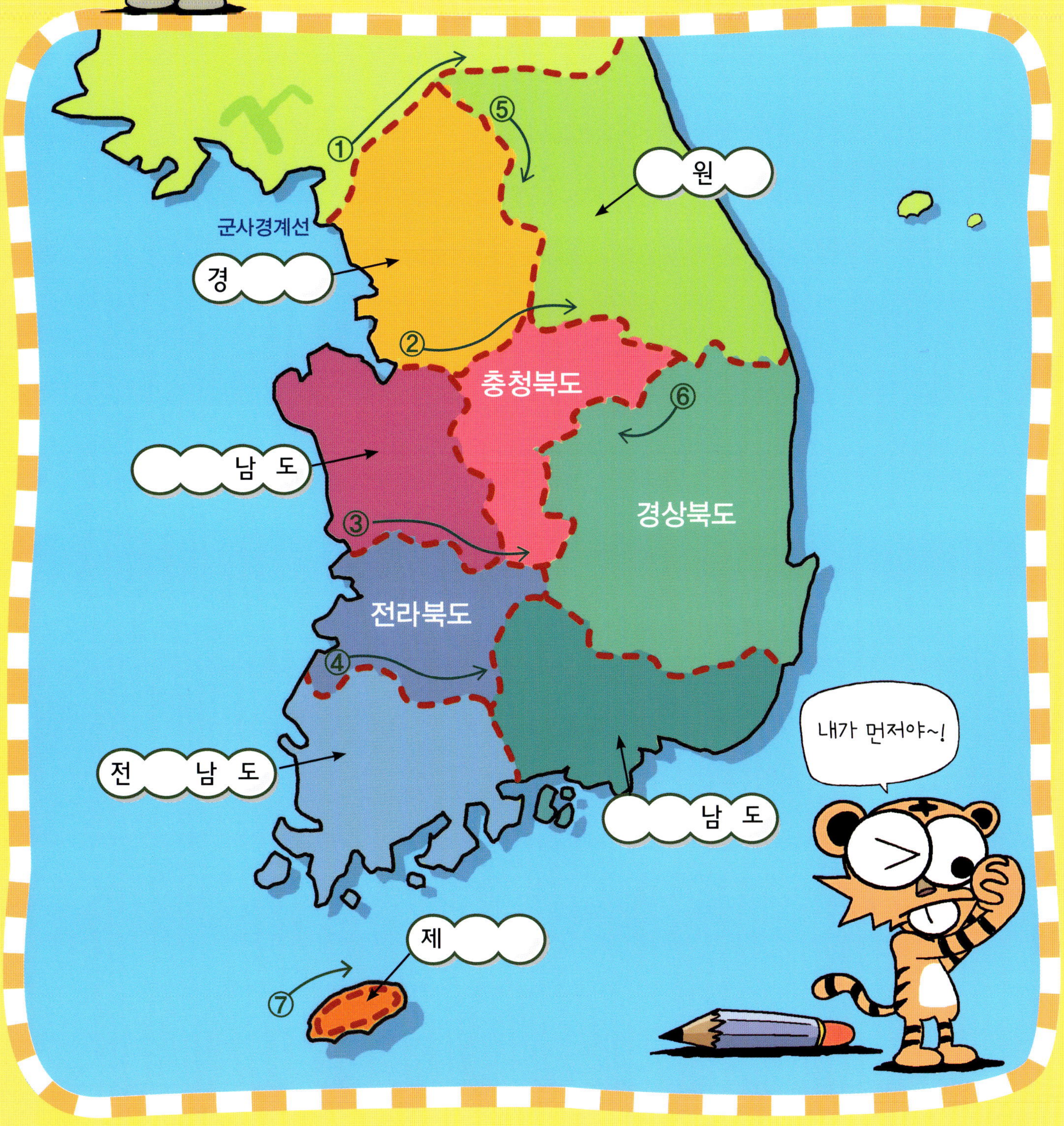

따라 그려봐 주요도시

1개의 특별시와 6개의 광역시, 주요 도시를 따라 그려 보고, 빈칸에 도시 이름도 써 보세요.

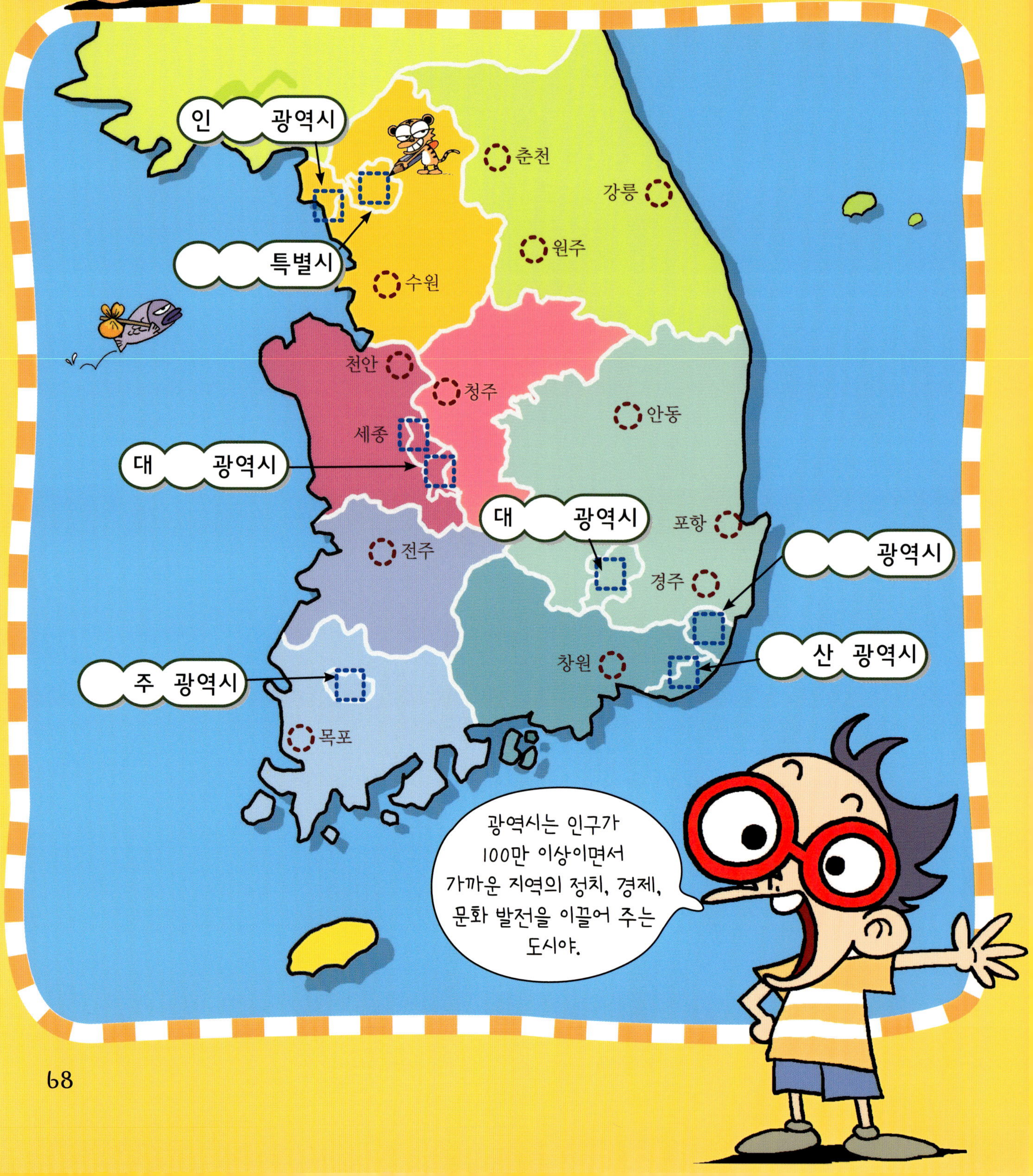

- 인○ 광역시
- ○○ 특별시
- 대○ 광역시
- 대○ 광역시
- ○○ 광역시
- ○산 광역시
- ○주 광역시

광역시는 인구가 100만 이상이면서 가까운 지역의 정치, 경제, 문화 발전을 이끌어 주는 도시야.

따라 그려봐 — 행정 구역과 주요 도시

9도로 나누어진 행정 구역 안에는 큰 도시들이 있어요.
행정 구역과 도시를 따라 그려 보고, 이름을 말해 보세요.

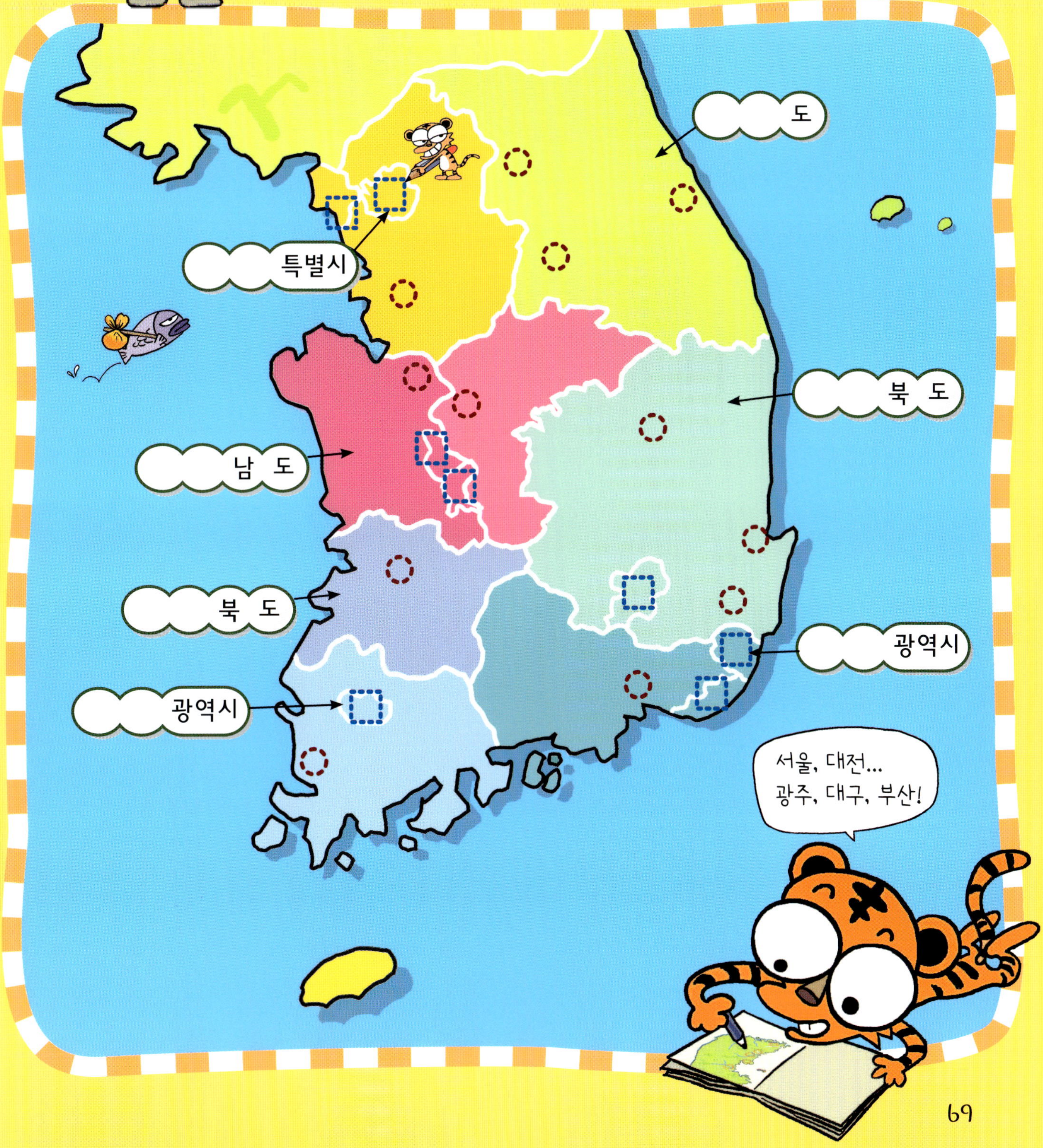

◯◯도
◯◯특별시
◯◯북도
◯◯남도
◯◯북도
◯◯광역시
◯◯광역시

서울, 대전... 광주, 대구, 부산!

69

혼자 그려 봐 — 행정 구역과 주요 도시

우리나라 행정 구역과 주요 도시의 위치를 확실히 익혔죠? 자, 이제 아래 지도에 혼자서 그려 볼까요?

꼭 그려 보기
- 행정 구역 나누기
- 서울특별시
- 대전광역시
- 광주광역시
- 강릉
- 포항
- …

잘~ 그려!

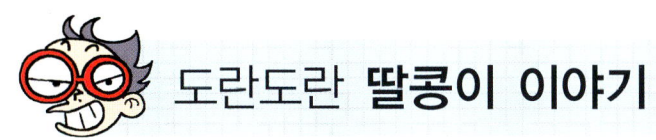

도란도란 딸콩이 이야기

북적북적 도시로 가 볼까요?

우리나라에는 인구의 약 10분의 8 이상이 크고 작은 도시에 살고 있단다.
'도시' 하면 어떤 모습이 떠오르니?
높은 빌딩 숲, 자동차, 다양한 물건들을 파는 상점들, 많은 사람들이 생각날 거야.
왜 도시에는 이런 것들이 많을까?
도시는 사회·정치·경제·문화 활동의 중심이 되는 곳으로 편리한 시설들이 모두 모여 있어. 그래서 사람들이 도시로 모여들고 그러다 보니까 상점과 자동차가 많아지고 빌딩이 들어서는 거란다.

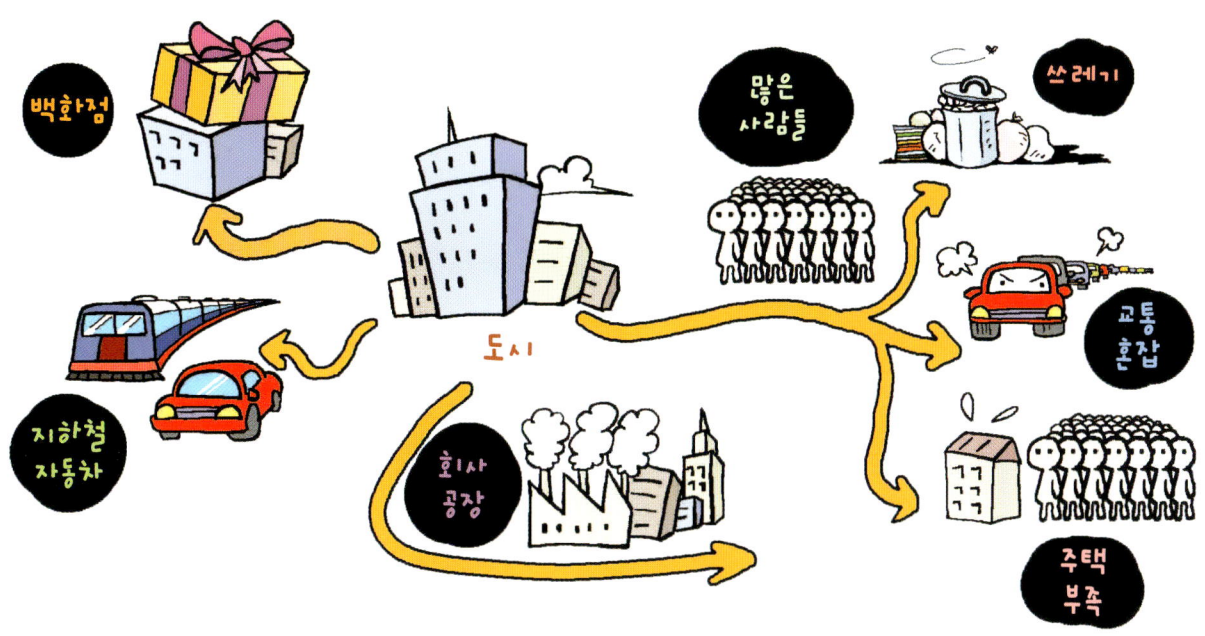

우리나라의 주요 특산물

각 지역마다 지형과 기후 등 자연환경이 다르기 때문에 생산되는 물건이 다르단다. 우리 고장에는 어떤 특산물이 있는지 찾아볼까?

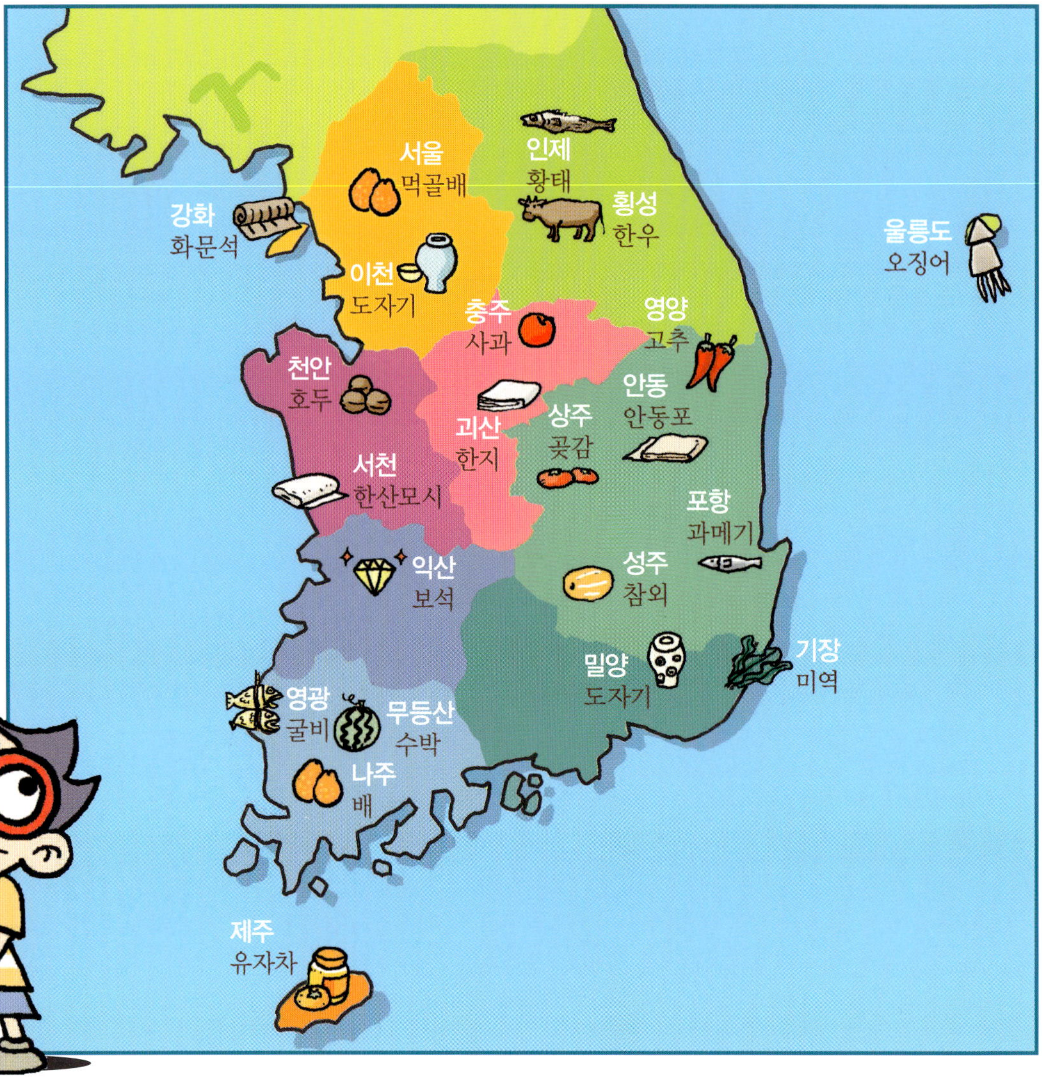

수라상에 오른 영광 굴비

고려 예종 때 이자겸이라는 사람이 딸을 왕비로 들여 권세를 독차지하고 왕이 되려 했어. 하지만 그 욕심은 실패로 돌아갔고 전라도 영광의 법성포로 귀양을 가게 되었지. 이곳에서 이자겸은 소금에 절여 말린 조기를 먹었는데 그 맛이 일품이었어. 그래서 '굴비'라는 이름을 지어 임금님께도 바쳤단다.

'굴비'는 비겁하게 굴하지 않겠다는 뜻으로, 굴비를 드리는 것은 자기 잘못을 용서받기 위한 아부가 아니고 단지 백성 된 도리로서 하는 것임을 의미했어. 이때부터 영광 굴비는 임금님의 수라상에 오르게 되었고 유명해졌어.

달고 고소한 울릉도 호박엿

울릉도에 사는 한 처녀가 따뜻한 봄이 되자 육지에서 가져온 호박씨를 울타리 밑에 심었어. 이 호박은 나날이 자라나서 주렁주렁 열매를 맺기 시작했단다. 가을이 되자 호박은 누렇게 익어 방 안을 가득 채우게 되었어.

눈 내리던 어느 날 누렇게 익은 호박으로 죽을 쑤었는데 그 맛이 그야말로 엿처럼 달았어. 여기서 '호박엿'이란 말이 생겨나게 되었지. 그 후 울릉도에서는 호박을 많이 생산하여, 그 호박으로 달고 고소한 엿을 만들게 되었어.

FESTIVAL!

우리나라의 신나는 축제

우리나라에는 지역마다 자연환경과 지역의 특성을 살린 독특한 축제들이 많단다. 어떤 축제가 있는지 함께 살펴볼까?

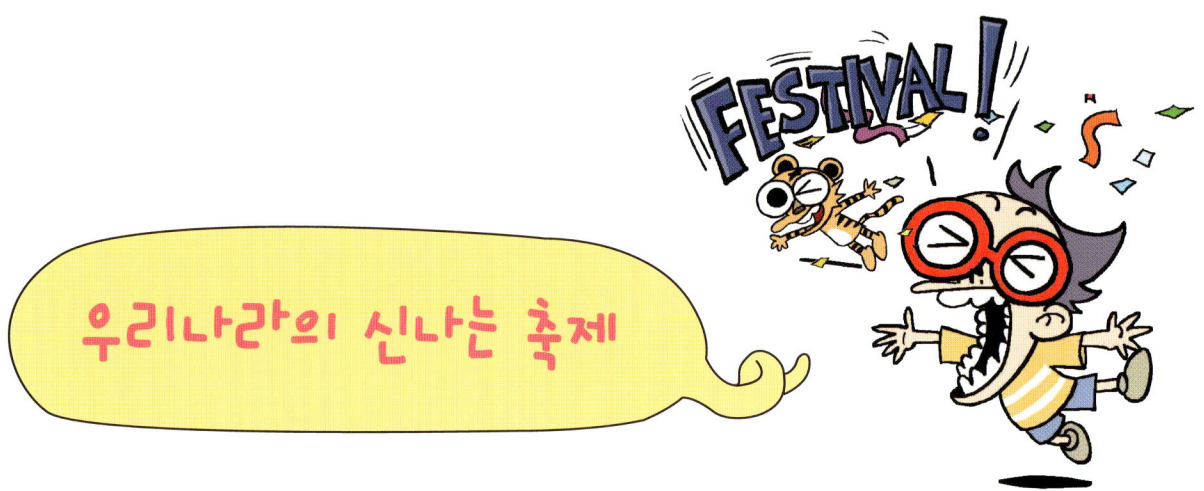

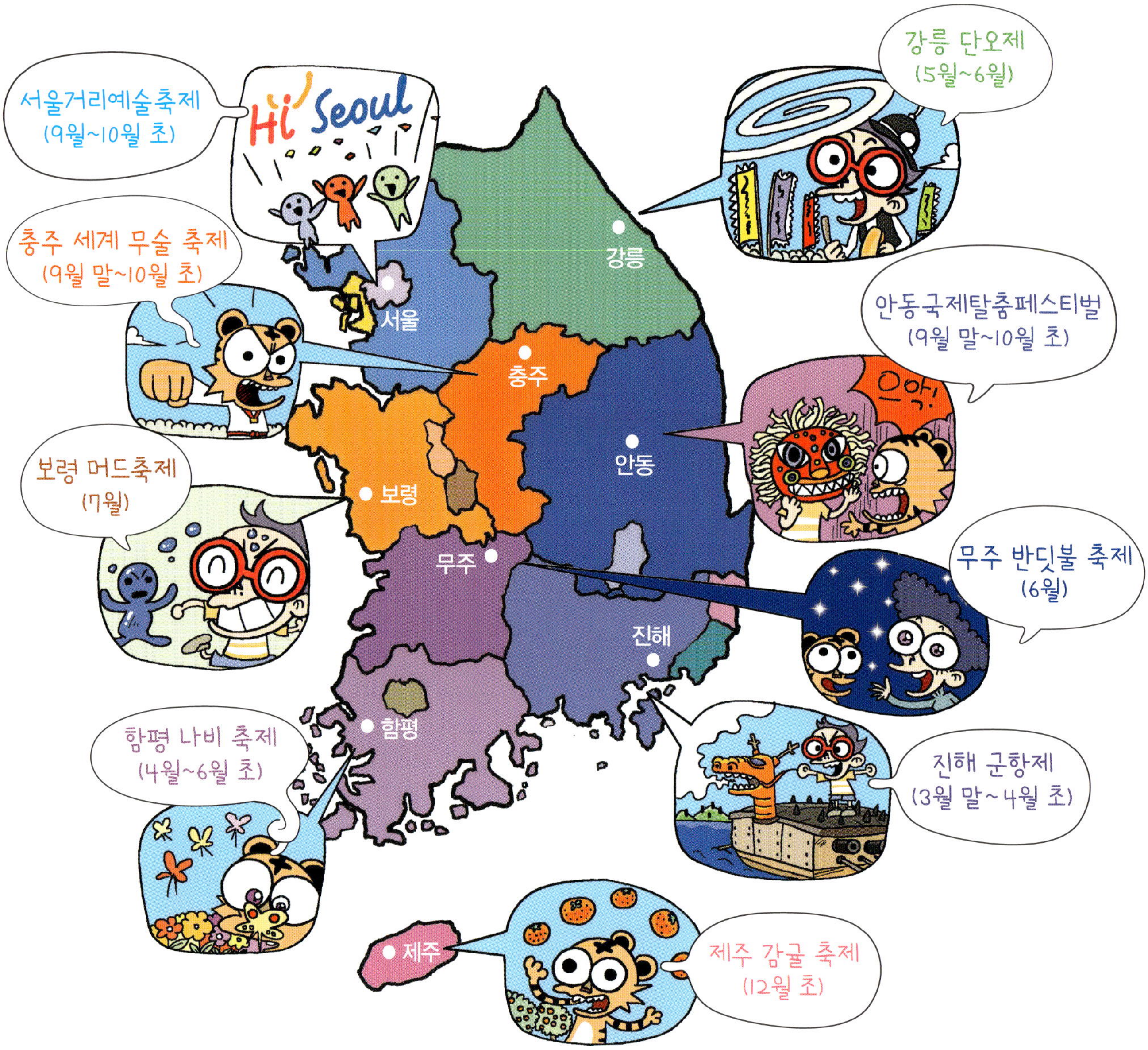
서울거리예술축제
(9월~10월 초)
Hi Seoul
강릉 단오제
(5월~6월)
충주 세계 무술 축제
(9월 말~10월 초)
안동국제탈춤페스티벌
(9월 말~10월 초)
으악!
보령 머드축제
(7월)
무주 반딧불 축제
(6월)
함평 나비 축제
(4월~6월 초)
진해 군항제
(3월 말~4월 초)
제주 감귤 축제
(12월 초)
서울
강릉
충주
안동
보령
무주
진해
함평
제주

금산 인삼 축제

옛날에 한 선비가 홀어머니를 모시고 살았어. 어머니가 병으로 눕자, 선비는 효험이 뛰어나다고 알려진 금산 진악산 관음굴에 가서 빌었단다.

어느 날 꿈속에 신령이 나타나 "관음봉 바위 벽에 가면 붉은 열매가 달린 풀이 있는데 그 뿌리를 달여서 어머니께 드리면 병이 곧 나을 것이다."라고 말했어. 이튿날 선비가 풀을 캐서 어머니께 달여 드리자, 어머니의 병이 깨끗이 나았단다.

선비는 그 씨앗을 받아서 남이면 성곡리 개안 마을에 심었는데 그 풀의 모습이 사람 모습과 비슷하여 '인삼'이라고 부르기 시작했어. 그 뜻을 기리기 위해 충청남도 금산에서는 매년 인삼 축제가 열려.

안성 남사당 바우덕이 축제

남사당은 조선 후기에 장터와 마을을 떠돌아다니며 곡예, 춤, 노래를 공연했던 집단이야. 안성에 바우덕이라는 재능이 뛰어난 여자 남사당이 있었어. 그녀는 조선시대에 유일한 여자 꼭두쇠(남사당패의 우두머리)로 남사당패를 이끌며 인기를 많이 끌었어.

그 당시 남사당은 백성들의 억눌린 한을 풀고 위로하는 활동을 했어. 그 뜻이 오늘날까지 이어져 경기도 안성에는 남사당 바우덕이 축제가 해마다 열려.

어느 지역에 인구가 가장 많을까요?

행정 구역	인구수(명)
서울특별시	9,640,000명
부산광역시	3,373,000명
대구광역시	2,430,000명
인천광역시	2,952,000명
광주광역시	1,490,000명
대전광역시	1,499,000명
울산광역시	1,144,000명
세종특별자치시	338,000명
경기도	13,301,000명
강원도	1,520,000명
충청북도	1,630,000명
충청남도	2,189,000명
전라북도	1,807,000명
전라남도	1,788,000명
경상북도	2,668,000명
경상남도	3,347,000명
제주도	665,000명

1,000,000명
100,000명

*인구수를 표시한 그림은 반올림하였음. 〈출처: 2015년 통계청〉

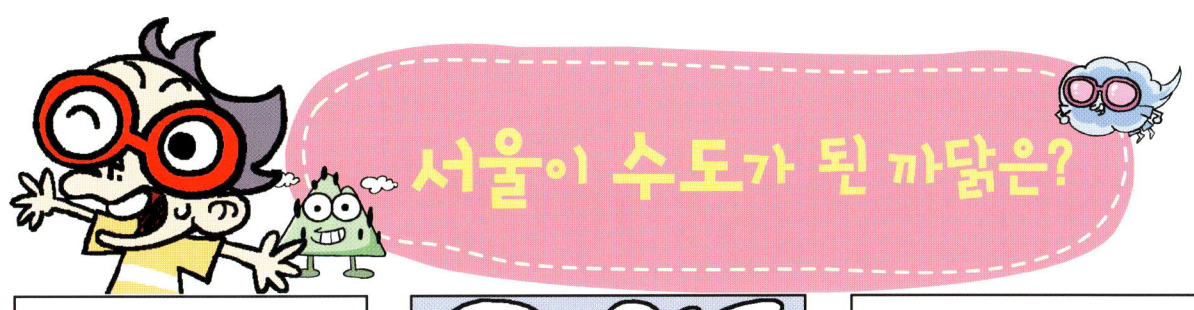

알쏭달쏭! 여기가 어디일까?

행정 구역과 도시 이름이 보이네! 어디일까 한번 떠올려 볼까요?

인천에 있는 연안 부두는 서해안 최대의 수출 무역항이야.

서울타워는 남산에 있는 탑으로 서울의 모습을 한눈에 내려다볼 수 있어.

섬진강대교는 전라도와 경상도를 연결해 주는 다리야. 다리만 건너면 경상도와 전라도를 왔다 갔다 할 수 있어.

경상북도에 있는 포항 제철에서 만드는 철강은 세계에서 손꼽힐 정도로 품질이 우수해.

경상북도 영덕에서 나는 대게는 다리가 대나무처럼 생겨서 대게라고 불러.

전라남도 함평 나비 축제에 가면 천연기념물과 멸종 위기에 있는 희귀 곤충 들을 만날 수 있어.

엑스포 과학공원은 첨단 과학 기술의 도시 대전에 있어. 과학을 주제로 한 테마 공원이야.

경주에 있는 불국사는 한국 불교를 대표하는 절로 유네스코가 지정한 세계 문화유산이야.

행정 구역과 도시가 어디쯤 있는지 아는 친구들은 다음 장으로 출발!

우리나라 지도가 그려진 퍼즐이 뒤죽박죽 섞여 있어요. 모양에 맞게 아래 빈칸에 번호를 적어 보세요.

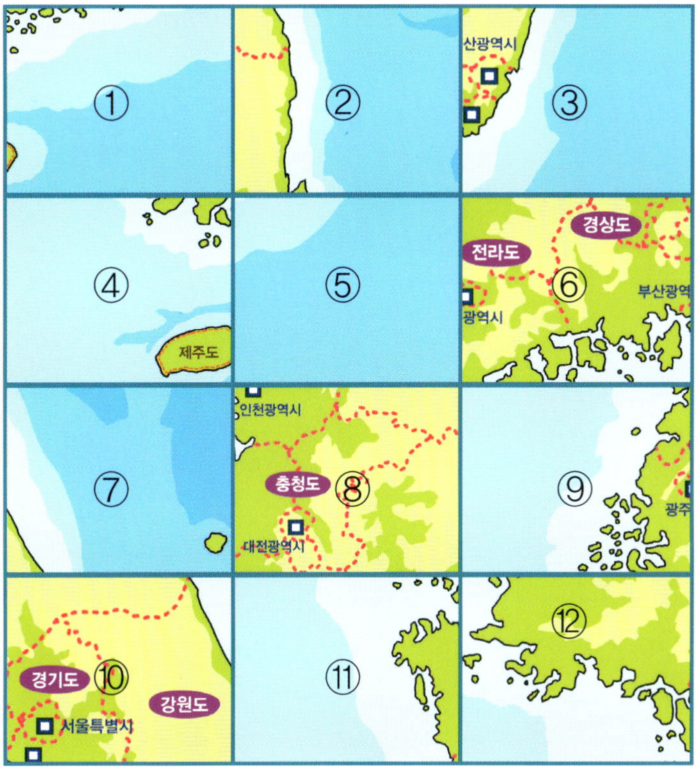

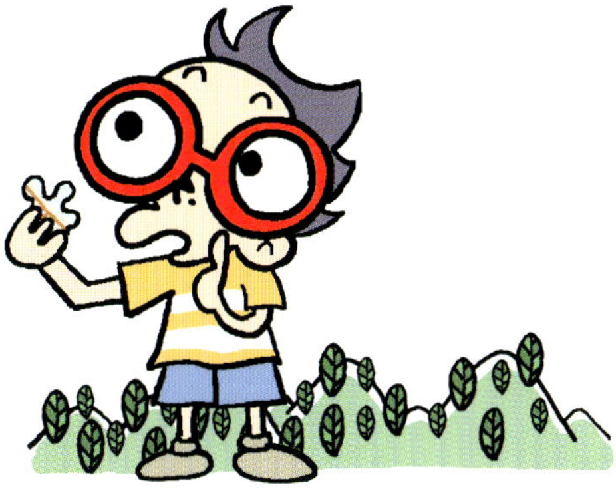

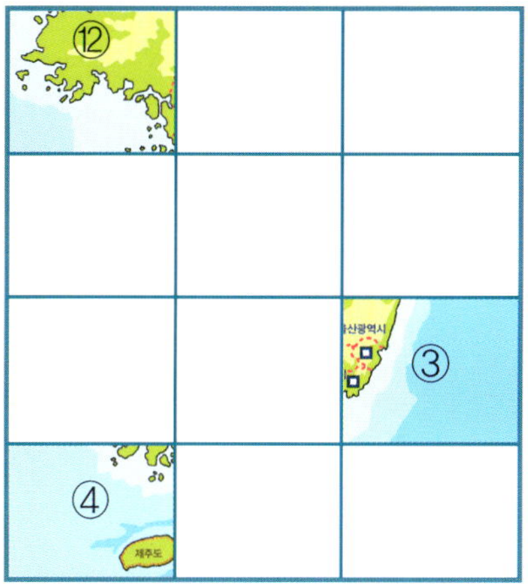

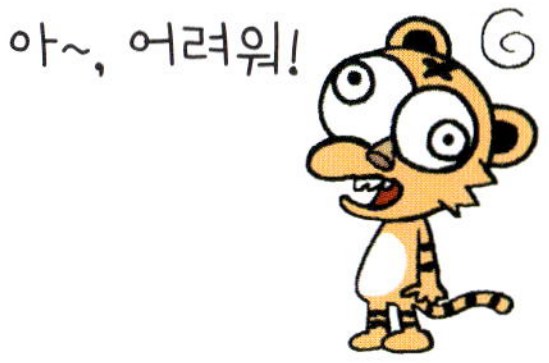

아~, 어려워!

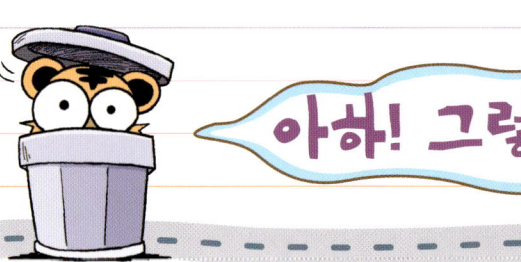

82쪽 정답

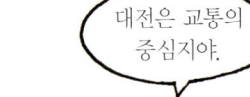

우리나라 제1의 항구 도시는 부산이고, 섬유의 도시로 유명한 곳은 대구예요.

83쪽 정답

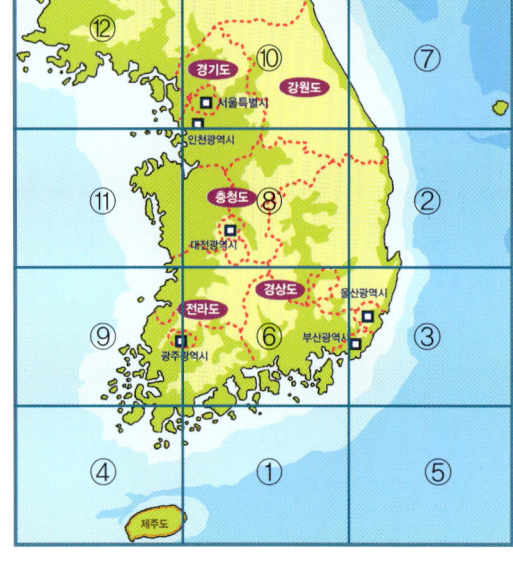

딸종이와 여행한 곳은 어디일까요?

산맥
광주산맥 노령산맥 소백산맥 차령산맥 태백산맥

산
계룡산 금강산 내장산 덕유산 무등산 북한산 설악산 소백산
속리산 오대산 주왕산 지리산 치악산 태백산 한라산

강
금강 낙동강 남강 남한강 동진강 만경강
북한강 섬진강 영산강 임진강 한강

평야
김포평야 김해평야 나주평야 논산평야 예당평야 호남평야

행정 구역
경기도 강원도 충청북도 충청남도 전라북도
전라남도 경상북도 경상남도 제주도

주요 도시
서울특별시 인천광역시 대전광역시 광주광역시
대구광역시 울산광역시 부산광역시 세종특별자치시
강릉 경주 목포 수원 안동 원주 전주
창원 천안 청주 춘천 포항

이 책을 만들어 주신 선생님을 소개합니다

글 김효정

이 책을 쓰신 김효정 선생님은 학교 다닐 때 지리 시간을 아주 좋아해서 대학과 대학원에서도 쭉 지리를 공부했어요. 여행 다니는 것 또한 좋아해서 백령도에서 제주도까지 우리나라 전국 방방곡곡 안 가 본 곳이 없지요.

현재는 '동해연구회'에서 바닷속에 있는 암초의 이름을 조사하는 연구 활동을 하고 있고, 우리나라 기상의 장기 예보에 대한 연구도 하고 있어요.

선생님의 꿈은 우리 친구들이 지리책을 재미있고 신나게 공부할 수 있도록 다양한 교재와 교구를 만드는 것이랍니다.

그림 박철권

딸콩이와 아기 호랑이를 그리며 신나게 우리 국토 여행을 한 박철권 선생님은 어떻게 하면 우리 친구들에게 우리 땅에 대한 올바른 지식을 줄 수 있을까 고민하는 만화가예요. 「조선일보」에 경제 만화 '알콩달콩 경제'를 연재했고, 2006년에는 전국시사만화협회 선정 '올해의 우수작가상'을 수상하기도 했어요.

그린 책으로 『손으로 따라 그려 봐 세계 지도』 『손으로 따라 그려 봐 인체』 『써프라이즈 오딧셈의 수학 대모험』 등이 있어요.

사진을 제공해 주신 분들

곽광호 님	오상욱 님	고수동굴 홈페이지
구은자 님	오승열 님	지리산국립공원
김기응 님	윤유성 님	포스코
김영춘 님	이광호 님	한라산국립공원
김효정 님	이송숙 님	(가나다 순)
박성현 님	정기석 님	
손원익 님	조은영 님	
신혜연 님	최광철 님